I0176538

EL
CURSO DÉ LA
GRACIA

DE LIBERTAD EN CRISTO

STEVE GOSS, RICH MILLER
Y JUDE GRAHAM

N CURSO DE DISCIPULADO DE 6 SEMANAS PARA TODO CRISTIANO

PERMITE QUE LA GRACIA DE DIOS TE LIBERE
PARA SER AUTÉNTICO Y PARA DAR MUCHO FRUTO

EL CURSO DE LA GRACIA – Guía del Participante
© 2017 Libertad en Cristo Internacional
4 Beacon Tree Plaza, RG2 9RT Reading Berks, United Kingdom
www.libertadencristo.org

Originalmente publicado en inglés con el título:
The Grace Course – Participant's Guide
Steve Goss, Rich Miller & Jude Graham
© 2012 Copyright Freedom in Christ Ministries

Todos los derechos reservados. Se prohíbe la reproducción de cualquier parte de este libro, el almacenamiento en cualquier sistema, o su transmisión en cualquier forma, ya sea electrónica, mecánica, por fotocopias, grabación u otros medios, sin el permiso por escrito de la editorial.

Traductora: Nancy J. Maldonado Araque
Editores: Loida Fernández, Roberto Reed
Maquetación: Jemima Taltavull
Diseño e ilustraciones: Ezekiel Design, Manchester.

Textos bíblicos extraídos de La Santa Biblia, Nueva Versión Internacional® NVI® Copyright © 1999 de Biblica, Inc.® Usado con permiso. Todos los derechos reservados.

ISBN: 978-1-913082-58-1

Índice

Introducción

¿Por Qué Participar En *El Curso de la Gracia*?

¿Quieres continuar creciendo como cristiano y dar más y más fruto, y que este fruto dure para siempre? Por la gracia de Dios —y solamente por su gracia— ¡puedes hacerlo! El objetivo del Curso de la Gracia es ayudarte a experimentar la gracia de Dios tan profundamente (en tu corazón así como en tu mente) que tu amor por él se convierta en la principal motivación en tu vida. En este curso aprenderás cosas como:

- Qué hacer con las falsas motivaciones que producen la culpa, la vergüenza, el temor y el orgullo.

- Por qué servir a Dios por obligación no sirve para nada en absoluto.

- Cómo deshacerte de la nube de culpabilidad que cubre tu vida.

- Que puedes levantar la cabeza confiadamente sin importar tu pasado.

- Que no necesitas temer a nada ni a nadie sino sólo a Dios mismo.

- Cómo tratar con el pecado que te atormenta.

- Por qué poner a otros por delante es lo más sabio.

- Que si quieres dar mucho fruto, debes empezar por el descanso.

En resumen, que si estás listo para ponerte «manos a la obra» con Dios al hacer este curso, creemos que experimentarás su amor como nunca antes y así podrás dar más fruto del que jamás imaginaste.

Cómo Sacar El Mayor Provecho De Este Curso:

- Esfuérzate en asistir a cada sesión e intentar ponerte al día si te pierdes alguna.

- Asegúrate de que aprovechas la oportunidad de hacer *Los Pasos para experimentar la Gracia de Dios*, un proceso tranquilo y respetuoso entre tú y Dios. Esto tendrá lugar entre las sesiones 5 y 6.

- Al final de cada sesión tendrás la oportunidad de considerar aquellas áreas en las cuales tu pensar no coincide con las verdades bíblicas. Cuando te percates de algún área, asegúrate de apuntarla en la *Lista de Mentiras* al final del libro y de encontrar la verdad correspondiente en la Palabra de Dios.

- Aprenderás sobre el «Demoledor de Fortalezas», una estrategia directa y efectiva para renovar tu mente (ver Romanos 12:2) que te ayudará a afirmarte en tu libertad. Incorpórala a tu vida diaria.

Traducciones de la Biblia

A menos que se indique lo contrario, las citas bíblicas han sido extraídas de La Santa Biblia, Nueva Versión Internacional ® NVI® Copyright © 1999 de Bíblica, Inc.® Usado con permiso. Todos los derechos reservados.

Las citas bíblicas marcadas LBLA han sido tomadas de La Santa Biblia, Biblia de las Américas. Usado con permiso. Copyright © 1986, 1995, 2997 el Lockman Foundation. Todos los derechos reservados.

SESIÓN 1: ¡LIBRE!

BIENVENIDA

Una definición de gracia es: «obtener lo que no mereces». Cuéntanos sobre alguna ocasión en la que recibiste algo que no merecías. ¿Qué merecías? ¿Qué recibiste?

ALABANZA

¡Perteneces! Ver 1 Juan 3:1

ORACIÓN Y DECLARACIÓN

Padre Dios, gracias por adoptarnos como tus hijos mediante Jesucristo, y por darnos el privilegio de llamarte «¡Abba, Padre!» Abre los ojos de nuestro corazón para que comprendamos de verdad lo que esto significa para nosotros. Amén.

He sido rescatado de la esclavitud por la sangre de Jesús. Escojo someterme a Dios y resistir todo aquello que me arrastre de nuevo a la esclavitud.

PALABRA

Versículo central: 1 Samuel 16:7b: «La gente se fija en las apariencias, pero yo me fijo en el corazón».

Verdad clave: Cristo nos ama y acepta completamente por quienes somos, no por lo que hacemos. Desde esa posición de seguridad, podemos escoger libremente servir a Dios porque le amamos, y desechar cualquier otra motivación falsa.

Introducción

¡Bienvenidos al Curso de la Gracia!

> Peligros, luchas y aflicción
>
> yo he tenido aquí;
>
> Su gracia siempre me libró
>
> y me guiará hasta el fin.

(Himno *Gracia sublime* de John Newton)

Este curso procura ayudarnos a vivir en la gracia de Dios cada momento de cada día por el resto de nuestra vida, para que podamos llegar a ser todo lo que Dios quiere y podamos hacer todo lo que Dios tiene preparado para nosotros.

Pablo nos dice en Romanos 5:2 que «mediante la fe, tenemos acceso a esta gracia en la cual nos mantenemos firmes». Pero Dios quiere llevarnos más allá y nos llama a crecer «en la gracia y en el conocimiento de nuestro Señor y Salvador Jesucristo» (2 Pe 3:18).

El objetivo de este curso es ayudarte a experimentar la gracia de Dios a diario, para que puedas dar mucho fruto.

Comprendamos lo que es la Gracia

Jesús dijo: «Si me amáis, obedeceréis mis mandamientos» (Juan 14:15). ¿Cómo te imaginas que lo dice? ¿Cuál es la expresión de su rostro?

La historia de los dos hermanos (Lucas 15:11-32)

El hermano menor

El hermano menor se ha portado tan mal que espera ser repudiado o, en el mejor de los casos, espera recibir un castigo duro — en cuyo caso hubiera recibido su merecido. Sin embargo, el padre está atento a su regreso y corre a recibirlo, emocionado por su vuelta al hogar.

El padre abraza de inmediato a este individuo maloliente, sucio y maltrecho, le pone las mejores ropas y le organiza una gran fiesta.

Además le da tres cosas de gran importancia simbólica:

La **ropa** simboliza que el hijo goza nuevamente del favor del padre, que ha sido restaurado por completo.

El **anillo** simboliza el poder y la autoridad para ocuparse de los negocios del padre.

Las **sandalias** demuestran que el joven sigue disfrutando de todos los derechos que le corresponden como hijo, independientemente de lo que hubiese hecho.

¿Cuál es la peor cosa que has hecho en tu vida? Si al salir de aquí lo volvieras a hacer, o incluso hicieras algo peor y luego sinceramente regresaras a Dios... ¿Cómo crees que te recibiría?

El contexto de la historia

La gente religiosa se quejaba diciendo: «este hombre recibe a los pecadores y hasta se sienta a comer con ellos».

Jesús contó esta historia como respuesta a la acusación que decía que su comportamiento estaba mal — que no agradaba a Dios.

El mensaje de la historia es que no es nuestro comportamiento el que restaura nuestra relación con Dios — es su gracia.

Pero el comportamiento sí importa

El pecado tiene consecuencias. Pero la ruptura de la relación con su Padre NO es una de esas consecuencias.

Dios está a tu favor y te ha dado todo lo que necesitas para que no tengas que fallar. Pero si lo haces, sus brazos de amor te reciben de nuevo y te levantan, sin importar lo bajo que hayas caído.

Hay una antigua herejía llamada antinomianismo, la cual lleva la verdad bíblica a un extremo y dice que, dado que somos salvos por la gracia de Dios mediante la fe, no hay necesidad de una ley moral, y nuestro comportamiento no tiene importancia. Puedes estar seguro de que esto no es lo que estamos dando a entender aquí.

PAUSA PARA LA REFLEXIÓN 1

¿Qué significa la gracia para ti?

El padre dio al hijo menor tres regalos que simbolizan cosas que Dios también te ha dado a ti. ¿Cuál de estos regalos tiene más valor para ti? ¿Por qué?

Si tuvieras la certeza de que la aceptación y el amor de Dios hacia ti no dependen de tu buen comportamiento, ¿cómo cambiaría tu manera de vivir?

El hijo mayor — trabaja como esclavo en lugar de servir

El hijo mayor a menudo pasa desapercibido pero es el personaje a quien quiere dirigirse Jesús. Él no había despreciado a su padre. Siempre había seguido las reglas y cumplido con todo lo que se esperaba de él. Por lo tanto, le enfureció que a su hermano le recibiesen con una fiesta después de haber mostrado un comportamiento tan deplorable.

Él no entendía que el amor y la aceptación del padre no tenían nada que ver con su **buena** conducta ni con la **mala** conducta de su hermano. El amor y la gracia no dependen de la conducta. Dependen de su gracia.

Él había trabajado como un esclavo día tras día para ganarse la herencia del padre. Sin embargo este padre dice: «Todo lo que tengo es tuyo». Él pudo haber disfrutado de todo lo que el padre tenía todos esos años.

La historia de los labradores en la viña (Mateo 20:1-16)

Todos los trabajadores de la viña recibieron la misma paga sin importar cuánto tiempo habían estado trabajando.

La respuesta del dueño fue: «¿Es que no tengo derecho a hacer lo que quiera con mi dinero? ¿O te da envidia que yo sea generoso?» (Mateo 20:15)

Lo que recibimos de Dios no está determinado por lo que hacemos, lo determina su generosidad, su gracia, no nuestro trabajo.

¿Estamos «esclavizándonos» para Dios?

Ambos hermanos rechazaron la posición de privilegio en la que habían nacido, y escogieron dar la espalda al padre.

El hermano menor se halló a sí mismo «en un país lejano» con los cerdos. Aunque el hermano mayor nunca dejó la casa físicamente, se encontraba fuera, en los campos,

trabajando como un esclavo. Él había adoptado la identidad de un jornalero contratado. Una identidad hacia la cual apuntaba también el hermano menor.

La presencia del padre por sí sola no sació al hijo mayor. Prefirió esforzarse por ganar lo que el padre pudo haberle dado sin que él tuviera que esforzarse en lo más mínimo. Intentaba obtener su bendición mediante un servicio y una conducta intachables. Pero su corazón se había desviado muy lejos.

Jesús quería mostrar a la gente religiosa lo equivocados que estaban al pensar que el comportamiento exterior es lo que obtiene el favor de Dios.

Pero lo que hacemos sí es importante

Sin duda lo que hacemos en esta vida es muy importante. Al final de los tiempos, llegará el día en que lo que hayamos hecho será probado por Dios para comprobar su valor eterno.

> Si alguien construye sobre este fundamento, ya sea con oro, plata y piedras preciosas, o con madera, heno y paja, su obra se mostrará tal cual es, pues el día del juicio la dejará al descubierto. El fuego la dará a conocer, y pondrá a prueba la calidad del trabajo de cada uno. Si lo que alguien ha construido permanece, recibirá su recompensa, pero si su obra es consumida por las llamas, él sufrirá pérdida. Será salvo, pero como quien pasa por el fuego. (1 Co 3:12-15).

El fuego quemará las obras sin valor — «madera, heno y paja» — mientras que aquellas obras que son de valor — «oro, plata, piedras preciosas» — permanecerán.

Romanos 8:1 nos asegura que no hay **condenación** para aquellos que están en Cristo Jesús, pero ¿habrá alguna **recompensa**?

Dos personas pueden hacer exactamente lo mismo —tal vez dan de comer a los pobres, o pasan una hora leyendo su Palabra y orando. Uno complacerá a Dios y el otro no.

No es lo que hacemos, sino por qué lo hacemos

Cuando Dios escogió a David para ser rey de Israel, dijo:

> «La gente se fija en las apariencias, pero yo me fijo en el corazón». (1 Samuel 16:7b).

Lo que le importa a Dios no es tanto **lo que** hacemos, sino **por qué** lo hacemos. A Dios nunca le ha complacido que la gente obedezca externamente un conjunto de leyes, a no ser que lo hagan de corazón.

Lo que importa es nuestra motivación. Y si nuestra motivación no es el amor, entonces lo que hagamos, sin importar lo bien que quede, no vale nada. Es madera, heno o paja.

En 2 Corintios 5:14, Pablo dice: «El amor de Cristo nos obliga».

Dios quiere que nuestra motivación sea el amor y solamente el amor. Pero fácilmente terminamos adoptando otras motivaciones:

- culpa
- vergüenza
- temor
- orgullo

PAUSA PARA LA REFLEXIÓN 2

Al final de la historia, el hermano menor es acogido nuevamente como hijo, p... ... nijo mayor sigue comportándose como siervo. ¿Cómo contrastan sus actitudes hacia el trabajo que realizan para el padre?

Dios quiere que nuestro servicio sea motivado únicamente por el amor. ¿Qué otras motivaciones pueden tomar su lugar? Si puedes, comparte cómo has sido afectado por alguna de estas motivaciones.

Si nos damos cuenta de que nuestra motivación no ha sido el amor, ¿cómo podemos cambiar?

Lo que hacemos proviene de quienes somos

Veamos estas dos imágenes:

1. El hijo menor en el momento en el que se derrumba en los brazos de su padre y se rinde a su misericordia. Apenas puede creer la gracia de su padre pues, aunque definitivamente se lo merece, no le va a castigar. Ha sido perdonado.

2. Unos minutos después, vemos a este mismo hijo vestido con el mejor manto, con el anillo en su dedo y las sandalias en sus pies, deleitándose con la mejor comida. Todavía es consciente de su fracaso del pasado, pero no sólo ha recibido perdón sino restauración de su posición como hijo. Tiene libre acceso a todo lo que su padre posee.

¿Cuál de las dos imágenes representa mejor cómo te ves a ti mismo en relación a Dios?

Sea que lo sientas o no, ¡la segunda imagen te representa a ti!

Para vivir de un modo que agrade a Dios, necesitamos tener la certeza de saber que no sólo hemos obtenido el perdón, sino que también hemos obtenido una restauración y una aceptación profundas; y que Dios se deleita en nosotros.

Llegarás hasta la mitad de las cartas de Pablo a las iglesias antes de leer una sola instrucción sobre qué hacer o cómo comportarse. La primera mitad trata de lo que ya tienes, de quien ya eres en Cristo. Pablo sabe que si comprendes esto, lo demás fluirá naturalmente.

El amor y la aceptación de Dios no dependen de tu comportamiento. Cuando dejas de intentar «comportarte como debería hacerlo un cristiano», y simplemente vives en la verdad que dice quién eres ahora, ¡harás lo correcto!

Esclavos

En la época del Nuevo Testamento, era muy común que los amos romanos liberaran a sus esclavos. Pero algunas veces éstos escogían quedarse libremente y continuar sirviendo en la casa, por amor a su amo.

Desde fuera quizá no se percibía cambio alguno en el trabajo cotidiano. Pero en la practica hay una diferencia abismal entre hacer lo que haces a la fuerza o, como en el caso del hermano mayor, hacerlo para ganar un premio futuro — y escoger libremente hacerlo por amor.

Pablo se describe a sí mismo como «esclavo de Cristo» (Romanos 1:1)

- Amamos porque él nos amó primero (1 Juan 4:19).
- Damos gratuitamente porque hemos recibido gratuitamente (Mateo 10:8b).
- Somos compasivos porque él ha sido compasivo con nosotros (Lucas 6:36).
- Perdonamos porque hemos sido perdonados (Efesios 4:32).

Dios el Padre — busca una relación

Al comienzo de nuestra experiencia con Jesús, sabemos que somos el hijo menor. Sabemos que lo necesitamos.

A partir de ahí se supone que iniciamos el peregrinaje hacia parecernos al padre, pero, de hecho, la mayoría de nosotros acaba convirtiéndose en el hermano mayor, sirviendo a Dios como esclavos.

¡Tienes un amo excelente! Él tiene obras importantes preparadas de antemano para ti, pero no te obliga a hacerlas. Él te ama sin importar lo que hagas. Sin embargo, si escoges servirle porque le amas, verás que trabajar para él se convierte en un verdadero placer.

Pensamiento erróneo al descubierto

Al final de esta guía hay una *Lista de Mentiras*. Apunta en ella cualquier área de tus creencias que no concuerde con la verdad de Dios. Escribe las mentiras en el lado izquierdo y, si puedes, busca las verdades correspondientes y anótalas en el lado derecho.

Tal vez esta sesión haya resaltado mentiras como:

- Lo que he hecho es demasiado malo como para que Dios me perdone o para que me acepte nuevamente.

- Dios ama a otras personas, pero a mí no...

- Tengo que dar la talla para agradar a Dios.

- Dios me ama más cuando trabajo duro para él.

PAUSA PARA LA REFLEXIÓN 3

¿Por qué crees que un esclavo a quien se le ha otorgado la libertad escoge permanecer en su situación anterior, como propiedad de su amo, el cual tiene control absoluto sobre él?

¿Estás listo para comprometerte con Dios a ser su esclavo; a servirle, no porque estés obligado, sino simplemente porque le amas?

TESTIMONIO

Las personas que no conocen a Dios como su Padre son como huérfanos espirituales. ¿Qué necesitan los huérfanos? ¿Cómo puedo ayudar a llenar esa necesidad?

PARA LA PRÓXIMA SEMANA

La historia de los dos hijos realza el personaje del padre, el cual, sin lugar a dudas, representa a Dios. Él no es una figura tipo «sargento-mayor» a la espera de que tropecemos. Jesús retrató a un padre que anhela relacionarse con sus hijos. Corre para alcanzar al hijo menor; sale para suplicarle al hijo mayor.

Puede que nuestro padre terrenal nos haya fallado y herido. Tal vez nunca conocimos a nuestro padre. Eso dificulta que conozcamos a Dios como el Padre perfecto que es, pues tendemos a proyectar nuestras experiencias sobre él. Utiliza los enunciados de Mi Padre Dios cada día esta semana (y las veces que haga falta después de esta semana) para renunciar a las mentiras que hayas podido creer y así afirmar con gozo lo que es verdad acerca de él.

RENUNCIO A LA MENTIRA QUE DICE QUE MI PADRE DIOS...	ACEPTO CON GOZO LA VERDAD QUE DICE QUE MI PADRE DIOS...
es distante e indiferente hacia mí.	se involucra íntimamente en mi vida [Salmo 139:1-18].
es insensible, no se preocupa por mí.	es amable y compasivo [Salmo 103:8-14].
es severo y exigente.	me acepta con gozo y amor [Sofonías 3:17; Romanos 15:7].
es frío y pasivo.	es cariñoso y afectuoso [Isaías 40:11; Oseas 11:3,4].
es un padre ausente y está demasiado ocupado para atenderme.	está siempre conmigo y se interesa por mí [Jeremías 31:20; Ezequiel 34:11-16; Hebreos 13:5]
es impaciente, está siempre enfadado y nunca está satisfecho con lo que hago.	es paciente y tardo para la ira, se deleita con los que esperan en su amor constante [Éxodo 34:6; 2 Pedro 3:9; Salmo 147:11].
es cruel y abusivo.	es cariñoso, amable y protector [Jeremías 31:3; Isaías 42:3; Salmo 18:2].
es un aguafiestas – que no me permite disfrutar de la vida.	es digno de confianza y quiere darme una vida plena. su voluntad es buena, perfecta y aceptable para mí [Lamentaciones 3:22-23; Juan 10:10; Romanos 12:1,2].

RENUNCIO A LA MENTIRA QUE DICE QUE MI PADRE DIOS...	ACEPTO CON GOZO LA VERDAD QUE DICE QUE MI PADRE DIOS...
me quiere controlar o manipular.	está lleno de gracia y misericordia. Me da libertad incluso para fallarle [Lucas 15:11-16, 22-24; Hebreos 4:15,16].
me condena, no quiere perdonarme.	es compasivo y perdonador. su corazón y sus brazos están siempre abiertos [Salmo 130:1-4; Lucas 15:17-24].
exige la perfección en todos los detalles.	se preocupa por mi desarrollo. Está orgulloso de mí. Me trata como a un hijo en crecimiento [Romanos 8:28,29; Hebreos 12:5-11; 2 Corintios 7:14].

¡Soy la niña de sus ojos!

SESIÓN 2: ¡LIBRE DE CULPA!

BIENVENIDA

¿Qué señal de tráfico describiría mejor tu situación actual en tu peregrinaje con Dios? (p.ej. alto, desvío, cuesta empinada, cruce de caminos).

ALABANZA

Gracias por la cruz. Ver Juan 14:6.

ORACIÓN Y DECLARACIÓN

Padre, a través de tu Espíritu, muéstranos las verdades que nos harán libres para experimentar tu regalo de vida en toda su plenitud. Amén.

Cristo me perdona y me declara libre de culpa de todos los cargos acumulados en mi contra. Así que, por la autoridad del Señor Jesucristo, echo fuera todo pensamiento acusador y condenatorio en mi mente ahora mismo.

PALABRA

Versículo central: Antes de recibir esa circuncisión, estabais muertos en vuestros pecados. Sin embargo, Dios nos dio vida en unión con Cristo, al perdonarnos todos los pecados y anular la deuda que teníamos pendiente por los requisitos de la ley. Él anuló esa deuda que nos era adversa, clavándola en la cruz. (Colosenses 2:13-14)

Verdad clave: Sin importar lo que hayamos hecho (incluso después de convertirnos) y sin importar lo culpables que nos sintamos, la verdad es que nuestra culpa ha sido completa y absolutamente saldada por la muerte de Cristo en la cruz para que podamos presentarnos con confianza delante de Dios, que es puro y santo.

RIP
No supo vivir
a la altura
de las
expectativas

Introducción

Muchos de nosotros nos sentimos un fracaso absoluto como hijos o hijas de Dios.

Cuando llevamos esa culpabilidad sobre nuestros hombros nos convertimos en el hermano mayor: nuestra motivación para hacer el bien y evitar el pecado es ganar o mantener el amor de Dios, en lugar de descansar en el amor incondicional de Dios y ser motivados por amor.

¿Qué es la culpa?

La culpa genuina no tiene nada que ver con sentimientos. Tiene que ver con hechos reales.

«Culpable» es un término legal que se utiliza en una sala de justicia.

La culpa se define en relación con la autoridad legal que ha establecido las leyes. Si rompemos las leyes de esa autoridad legal, somos culpables. Si no lo hacemos, somos inocentes.

La culpa genuina y los sentimientos de culpa no son la misma cosa.

¿Eres culpable?

Puede que seamos ciudadanos respetuosos de la ley, inocentes ante las leyes civiles. Pero, ¿cuál es nuestra posición ante el Juez celestial?

JUEZ

La santidad de Dios

La santidad de Dios es tal, que le sería imposible tolerar el pecado, ignorarlo, esconderlo, o decir que no pasa nada. Sería contrario a su ser.

Dios escogió darnos voluntad propia. Así pues, nuestro antepasado Adán fue creado perfecto e inocente, pero con la capacidad de elegir el bien o el mal.

La consecuencia del pecado

Adán escogió desobedecer a Dios. Esa desobediencia es lo que la Biblia llama pecado.

«La paga del pecado es la muerte». (Romanos 6:23)

Adán contrajo una culpa genuina delante de Dios, porque quebrantó la ley de Dios.

En muchos idiomas las palabras «pecado» y «deuda» son la misma palabra.

Si un tribunal humano te halla culpable, también incurres una deuda. El pago por violar la ley es, generalmente, una sanción monetaria (una multa) o un periodo de tiempo en prisión. Una vez que saldas la deuda... ya sea esta una multa o un tiempo en la cárcel... te declaran libre.

Pablo dice: «por la desobediencia de uno solo muchos fueron constituidos pecadores» (Romanos 5:19). Cuando Adán pecó, una de las consecuencias fue que tú y yo y todos los demás descendientes de Adán fuimos hechos culpables también ante Dios.

PAUSA PARA LA REFLEXIÓN 1

¿Qué suscita en ti la palabra «deuda» ? ¿Alguna vez has tenido una deuda que no has podido pagar?

¿Qué hace que comencemos nuestra vida debiendo una enorme deuda a Dios que no podemos pagar?, ¿Cómo te sientes al respecto?

¿Recuerdas alguna ocasión en la que tú (o alguien que conozcas) hiciste algo malo pero no te sentiste culpable, o por el contrario, te sentiste culpable por algo que no habías hecho mal?

Hay tres maneras de llegar a ser culpable. La primera es nuestra inclinación natural a hacer el mal que heredamos de Adán. La segunda es nuestra rebelión descarada. La tercera es cuando erramos el tiro en nuestro intento de hacer el bien.

Cómo deshacernos de la culpa

En la época romana, si alguien era declarado culpable de incumplir la ley y era enviado a prisión, se hacía una lista detallada de todo lo que esa persona había hecho mal y el tiempo que debía servir para pagar la deuda. La llamaban «Certificado de Deuda» y se clavaba en la puerta de la celda.

Cada persona después de Adán ha nacido con un Certificado de Deuda hacia Dios. Al crecer tomamos conciencia de una sensación de culpabilidad que intentamos desechar.

Estrategias infructuosas para librarse de la culpa

La justificación por buenas obras

Probablemente la estrategia más popular es intentar probar nuestra inocencia ante Dios mediante la realización de buenas obras: guardar los mandamientos, leer la Biblia, asistir a la iglesia fielmente, dar dinero a la iglesia o a los pobres, dar de comer a los hambrientos, y cosas así.

Ahora, todas estas buenas obras (que la Biblia llama «obras de la ley») son buenas. Pero no logran superar el peso de los pecados acumulados en el otro lado de la balanza. Pablo dice que: «nadie es justificado por las obras que demanda la ley» y de nuevo, «no por las obras de la ley; porque por éstas nadie será justificado». (Gálatas 2:16)

¡Un examen!

- ¿Tienes la sensación de que Dios anhela bendecirte y tienes plena confianza en su amor sólo cuando crees que te estás portando bien como cristiano?

- ¿Qué sucede cuando no logras completar todos los puntos de tu lista espiritual, o cuando fallas y haces algo que no deberías? ¿Cambian entonces tus sentimientos?

- ¿Te atormenta una sensación persistente de que Dios es distante y que desaprueba de ti?

- ¿Sueles prometerte a ti mismo y a Dios que «mañana seré mejor», e intentas esforzarte el doble al día siguiente para agradarle?

La justificación por el trasfondo religioso

Es intentar justificarte ante Dios por tu formación o trasfondo religioso.

El apóstol Pablo admitió que en otro tiempo él también puso su confianza en su trasfondo religioso:

> «Si cualquier otro cree tener motivos para confiar en esfuerzos humanos, yo más: circuncidado al octavo día, del pueblo de Israel, de la tribu de Benjamín, hebreo de pura cepa; en cuanto a la interpretación de la ley, fariseo; en cuanto al celo, perseguidor de la iglesia; en cuanto a la justicia que la ley exige, intachable». (Filipenses 3:4-6)

Pero nuestro pedigrí religioso no vale nada para Dios sin Cristo, y no tiene poder para eliminar nuestra culpa. El mismo Pablo se dio cuenta: «Sin embargo, todo aquello que para mí era ganancia, ahora lo considero pérdida por causa de Cristo». (Filipenses 3:7). Y a continuación lo llama «basura».

La justificación por la comparación

Esto se manifiesta en pensamientos como: «bueno, al menos no hago _____ como fulano». Rellenamos el espacio con algún tipo de pecado que consideramos peor que cualquier cosa que hayamos hecho, y nos sentimos mejor.

Lee Lucas 18:10-14, para ver qué dijo Jesús al respecto.

El remedio de Dios para la culpa

Puede que te sea difícil asimilar el concepto de que un solo hombre nos haya hecho culpables a todos, pero afortunadamente lo inverso también es cierto:

> «Pues si por la transgresión de un solo hombre reinó la muerte, con mayor razón los que reciben en abundancia la gracia y el don de la justicia reinarán en vida por medio de un solo hombre, Jesucristo». (Romanos 5:17)

Todos nacimos con un Certificado de Deuda. Pero Colosenses 2:13-14 dice que Dios anuló esa deuda, clavándola en la cruz con Cristo.

Cuando un prisionero romano había cumplido con su sentencia, cuando había pagado su deuda con la sociedad, era puesto en libertad. Un juez tomaba el desgastado Certificado de Deuda y escribía: «Cancelado» sobre él. Al haber pagado su deuda, la persona una vez más era «libre de culpa».

Justo antes de morir, Jesús pronunció un sonoro grito de victoria (Mateo 27:50), que generalmente se traduce como «todo se ha cumplido» (Juan 19:30). La palabra que Jesús utilizó es exactamente la misma palabra que el juez romano escribía sobre el Certificado de Deuda del criminal liberado: «¡Cancelado!»

La declaración «libre de culpa» no es sólo para cuando venimos a Cristo por primera vez. La gracia de Dios es para cada momento de cada día. Para los que estamos en Jesucristo, ningún pecado que cometamos podrá alejarnos ni un ápice del pleno y completo sacrificio que Jesús pagó por nosotros. A pesar de nuestro pecado, seguimos siendo perdonados. Nuestra culpa ha desaparecido, para siempre.

Simón y la mujer pecadora (Lucas 7:36-50)

Simón vivía confiado en su formación religiosa y todas las buenas obras que hacía. Se consideraba un miembro de la sociedad respetado y honorable. No era consciente de su culpabilidad ante Dios. Desde luego no se sentía culpable.

La mujer, por otro lado, era consciente de su culpa. Jesús declaró que había sido perdonada a pesar de ser prostituta.

¿Cómo es que un hombre respetuoso de la ley, de buena reputación, permanece culpable delante de Dios, mientras que una mujer que había llevado hasta ese momento una vida pecaminosa es declarada libre de culpa?

Jesús le dijo que su fe la había salvado.

> «Porque por gracia habéis sido salvados mediante la fe; esto no procede de vosotros, sino que es el regalo de Dios». (Efesios 2:8)

Ser declarado inocente es un regalo de la pura gracia de Dios. Y se activa por la fe. ¿Cómo se hace eso? Simplemente te vuelves a él con genuina desesperación y le pides salvación.

PAUSA PARA LA REFLEXIÓN 2

Vamos a pedir a Dios que nos revele todas las falsas expectativas que hemos asumido que debemos llenar y que se han vuelto una carga o nos hacen sentir unos fracasados. Oremos:

Padre amoroso,

Te agradezco que en Cristo todas tus expectativas sobre mí se han cumplido en su totalidad (Romanos 8:4), y que has perdonado todas mis transgresiones y anulado mi certificado de deuda al clavarlo en la cruz (Colosenses 2:13-14). Confieso que he creído la mentira que dice que necesito algo más que Cristo para obtener o conservar tu aceptación. Te ruego que me reveles ahora todas las expectativas, reglas y exigencias bajo las cuales he estado viviendo, mediante las cuales he intentado sentirme aceptado y menos culpable, para que yo pueda volver a confiar sólo en la obra de Cristo. Te lo pido en el nombre de Jesucristo, quien murió por mí. Amén.

A continuación, pasa un tiempo a solas con Dios. Anota en una hoja aparte las falsas expectativas que él te revele. Considera lo siguiente:

- Las expectativas que asumiste erradamente que provenían de Dios.
- Las expectativas de tus padres y tu familia.
- Las expectativas de tus maestros y profesores.
- Las expectativas de las iglesias y de los líderes de las iglesias.
- Las expectativas de los jefes en nuestros trabajos.
- Las expectativas de la cultura/sociedad.
- Otras expectativas falsas.

A continuación, por cada falsa expectativa, ora lo siguiente:

Renuncio a la mentira que dice que necesito llenar las expectativas de:
_____ para sentirme bien, valorado o aceptado. Gracias, Señor Jesús, porque en ti lleno todas las expectativas que Dios tiene y que yo no puedo hacer nada para que me ames más o menos. Amén.

Al final, rompe tu lista y ¡sigue adelante sin mirar atrás!

¿No son útiles los sentimientos de culpa?

¿No crees que el padre de la historia de los dos hijos debió haberse enfadado, al menos un poco? ¿No crees que fue insensato, un tanto apresurado por la rapidez con la que perdonó y restauró al hijo? ¿No hubiera sido mejor dejar que su hijo se sintiera culpable por lo que había hecho? ¿No es acaso la culpa un elemento disuasorio muy eficaz ante el pecado?

Cuando Pablo tuvo que exhortar a la iglesia de Corinto, escribió:

«Sin embargo, ahora me alegro, no porque os hayáis entristecido sino porque vuestra tristeza os llevó al arrepentimiento... La tristeza que proviene de Dios produce el arrepentimiento que lleva a la salvación, de la cual no hay que arrepentirse, mientras que la tristeza del mundo produce la muerte». (2 Corintios 7:9-10)

Pablo no quiso que los corintios se sintieran culpables. Lo que él quería era que sintieran una tristeza que produjese un «arrepentimiento que lleva a la salvación, de la cual no hay que arrepentirse».

La culpa nos hace alejarnos de Dios en lugar de acercarnos a él en arrepentimiento. La culpa suena más a lo que Pablo llama «la tristeza del mundo» que produce muerte.

Es la gracia y no la culpa la que nos motiva a no pecar. ¿Por qué? Porque la culpa nos aleja de Dios mientras que la gracia nos acerca a él — una cercanía que nos protege del pecado.

«En verdad, Dios ha manifestado a toda la humanidad su gracia, la cual trae salvación y nos enseña a rechazar la impiedad y las pasiones mundanas. Así podremos vivir en este mundo con justicia, piedad y dominio propio». (Tito 2:11-12)

Cuando pecas

Dios quiere que tu tristeza no te aleje de él, sino que te conduzca a sus brazos, donde recibirás la misma acogida que recibió el hijo menor. Y es entonces cuando puedes confesar tu pecado, aceptar su perdón y apartarte del pecado.

Se restaura así la intimidad con Cristo: una limpieza de nuestro espíritu, alma y cuerpo de la corrupción del pecado... y sin tristeza.

«Pero, ¿y si todavía me siento culpable después de hacer todo eso?»

Entonces tus sentimientos te están mintiendo. Enfócate en la verdad. ¡Has sido perdonado!

Tres imágenes útiles

«Venid, pongamos las cosas en claro — dice el Señor —. ¿Son vuestros pecados como escarlata? ¡Quedarán blancos como la nieve! ¿Son rojos como la púrpura? ¡Quedarán como la lana!» (Isaías 1:18)

«Vuelve a compadecerte de nosotros. Pon tu pie sobre nuestras maldades y arroja al fondo del mar todos nuestros pecados». (Miqueas 7:19)

Recordemos la verdad

«Por lo tanto, ya no hay ninguna condenación para los que están unidos a Cristo Jesús». (Romanos 8:1)

Esto no es charlatanería religiosa o pensamiento positivo; es la verdad.

Recuerda lo que Jesús te dice: «...tus pecados quedan perdonados... Tu fe te ha salvado... vete en paz».

PAUSA PARA LA REFLEXIÓN 3

¿Cuál de las ilustraciones de cómo Dios ha lidiado con nuestro pecado te impacta más? ¿Por qué?

Sacar a la luz el pensamiento errado

Utiliza la *Lista de Mentiras* al final de esta guía para apuntar cualquier área donde descubras que tu pensar no concuerda con lo que Dios dice en su Palabra que es verdad.

Esta sesión puede haber revelado mentiras tales como:

- Sólo recibo perdón si confieso mis pecados muy compungido y lloro por ellos.
- Sentirme culpable por mis pecados es la mejor protección para no cometerlos nuevamente.
- Mis pecados son demasiado grandes para recibir perdón.
- La culpa es una buena manera de motivar a otros a hacer el bien.

TESTIMONIO

¿Cómo le explicarías a alguien sin trasfondo cristiano por qué todos necesitamos que Dios nos declare «libres de culpa»?

PARA LA PRÓXIMA SEMANA

Elige uno de los versículos que explican el alcance absoluto del amor y el perdón incondicional de Dios, y comprométete a declararlo en voz alta y con fe los próximos 40 días.

«Venid, pongamos las cosas en claro —dice el Señor —. ¿Son tus pecados como escarlata? ¡Quedarán blancos como la nieve! ¿Son rojos como la púrpura? ¡Quedarán como la lana!» (Isaías 1:18)

«Vuelve a compadecerte de nosotros. Pon tu pie sobre nuestras maldades y arroja al fondo del mar todos nuestros pecados». (Miqueas 7:19)

«¿Qué Dios hay como tú, que perdone la maldad y pase por alto el delito del remanente de su pueblo? No siempre estarás airado, porque tu mayor placer es amar». (Miqueas 7.10)

SESIÓN 3: ¡LIBRE DE VERGÜENZA!

BIENVENIDA

Comparte con el grupo sobre alguna ocasión en la que hayas pasado vergüenza.

ADORACIÓN

Tenemos plena libertad para acercarnos a Dios. (Hebreos 4:16, Hebreos 10:19-22)

ORACIÓN Y DECLARACIÓN

Querido Padre, tú eres santo, puro y sin mancha, y confieso que hay momentos en los que me siento sucio e indigno de estar en tu presencia. Pero elijo creer la verdad que dice que me has limpiado y renovado completamente. Por favor, sana toda herida que haya en mi corazón que pueda mantenerme alejado de ti. Gracias. En el santo nombre de Jesús. Amén.

Declaro la verdad que dice que ahora soy una nueva creación en Cristo. ¡Lo viejo ha pasado, ha llegado ya lo nuevo! Mi pecado ha sido eliminado y ya no necesito usar máscaras para esconderme. Ordeno a todo enemigo del Señor Jesús que abandone mi presencia.

PALABRA

Versículo central: «Al que no conoció pecado, le hizo pecado por nosotros, para que fuéramos hechos justicia de Dios en El». 2 Corintios 5:21 (LBLA)

Verdad clave: Cristo no sólo nos ha cubierto con su justicia, sino que nos ha **convertido** en justicia de Dios.

El origen de la vergüenza

La vergüenza ha estado presente desde el Jardín del Edén. Adán y Eva desobedecieron de forma contundente y espectacular. Uno esperaría que se hubiesen sentido culpables, pero no queda claro que así fuera.

Antes de que Adán pecara, «el hombre y la mujer estaban desnudos, pero ninguno de los dos sentía vergüenza». (Génesis 2:25)

Después de la caída, «se les abrieron los ojos, y tomaron conciencia de su desnudez. Por eso, para cubrirse entretejieron hojas de higuera». (Génesis 3:7)

Lo que sintieron de inmediato fue algo más profundo que la culpa, algo más fundamental. Más que culpa sintieron vergüenza.

¿Qué es la vergüenza?

La culpa dice: «Hice algo mal. Cometí un error».

La vergüenza dice: «Hay algo mal en mí. Yo soy el error».

Sentir vergüenza es la dolorosa experiencia emocional que viene de creer que algo está muy mal, y no tanto con lo que hemos **hecho**, sino con quienes **somos**.

¿De dónde viene la vergüenza?

De haberse criado en una cultura basada en la vergüenza

Las sociedades occidentales suelen usar la culpa para persuadir a la gente a conformarse a las normas.

Las sociedades orientales suelen usar la vergüenza para persuadir a la gente a conformarse a las normas.

En una sociedad basada en la vergüenza, el control se mantiene creando una cultura donde aquellos que no se ajustan a las normas sociales son rechazados. El principal valor cultural es asegurarse de hacer lo que es socialmente aceptable. El temor a ser rechazado y quedar aislado es una poderosa motivación.

Algunas familias e instituciones religiosas pueden crear sub-culturas basadas en la vergüenza. Un padre, una madre o un pastor puede abusar de la palabra «deberías». Pueden presionarte a comportarte de cierta manera para ser aceptado en la familia o en la iglesia, para considerarte un «buen cristiano». Te dicen cosas como: «¿No te da vergüenza?»; «¡Nos haces quedar mal!»; «¿No puedes parecerte a tu hermano (o a tu hermana)?» «¡Eres una deshonra para la familia/iglesia!» «¡Nunca lograrás nada!»«¡Ojalá nunca hubieras nacido!»

Las cosas que hemos hecho

Cualquier pecado que degrada nuestro cuerpo o hace que otros nos menosprecien son una fuente de vergüenza.

Las cosas que nos han hecho

Con frecuencia es la víctima la que experimenta vergüenza, y no el verdadero responsable.

Jesús vino específicamente a enmendar tu corazón quebrantado y liberarte.

Los mensajes erróneos que hemos creído

Si nos creemos las mentiras del mundo — que tenemos que ser guapos o esbeltos o lo que sea para encajar en el grupo, podemos sentir mucha vergüenza si creemos que no damos la talla.

Cuando el hijo menor dijo: «Ya no soy digno de ser llamado tu hijo», sentía vergüenza que minaba su identidad. «Hazme como uno de tus jornaleros». Estaba dispuesto a cambiar su identidad de hijo por la de sirviente, cuyo valor se basa en su esfuerzo.

El mensaje central de la vergüenza es que no das la talla. No mereces que otros te valoren ni mereces ser hijo de Dios. Nos dice que como mucho puedes trabajar como esclavo con la esperanza de algún día llegar a ser aceptado.

La vergüenza nos lleva a encubrir cosas y a ocultarnos.

Cómo intentamos encubrir cosas y ocultarnos

Las estrategias más comunes que solemos utilizar para encubrir cosas y ocultarnos son:

- Mentir acerca de logros o asuntos del pasado que te avergüenzan.

- Fingir que todo va bien y que estás muy bien cuando sabes que no es así.

- Culpar a los demás para que parezca que el problema es suyo en lugar de tuyo.

- Traicionar tus valores morales y bíblicos para ser aceptado y evitar la vergüenza del rechazo.

- Compensar las deficiencias vergonzosas en un área tratando de sobresalir en otras.

- Adoptar una posición dura e inflexible frente a formas de actuar en las que has incurrido y que te causan vergüenza.

- Criticar a los demás con dureza para que parezcan inferiores a ti [la diapositiva no aparece en esta guía].

- Automedicarte para mitigar y adormecer el dolor de tu propia vergüenza [la diapositiva no aparece en esta guía].

- Buscar la perfección en el comportamiento o en la apariencia para compensar la dolorosa convicción de que no das la talla [la diapositiva no aparece en esta guía].

Pero al igual que Adán y Eva con las hojas de higuera, estos mecanismos de defensa

no funcionan. Pueden proporcionar un alivio temporal, incluso convencernos por un tiempo de que estamos a salvo. Pero a largo plazo, al igual que todas las estrategias de la carne, no perduran. El medio que Dios utiliza para quitar la deshonra o la vergüenza es la gracia.

PAUSA PARA LA REFLEXIÓN 1

Adán y Eva usaron hojas de higuera para intentar cubrir su vergüenza. ¿Qué tipo de cosas usa la gente hoy en día para cubrir su vergüenza? Eres consciente de tu tendencia a usar alguna de ellas?

Si alguien te preguntara: «¿quién eres?», ¿cómo te definirías?

Tu definición, ¿se basa más en lo que haces o en quien eres de verdad?

El remedio de Dios para la vergüenza

La vergüenza nos dice que lo que está mal somos nosotros. Nos sentimos impotentes, despreciables, inútiles, insignificantes y desesperanzados. Esto afecta directamente al concepto que tenemos de nosotros mismos, nuestra identidad.

El remedio de Dios es darnos una nueva identidad.

Nuestra vieja identidad

Alguna vez fuimos (tiempo pasado) «por naturaleza objeto de la ira de Dios» (Efesios 2:3). De la esencia misma de nuestro ser se dice que: «Nada hay tan engañoso como el corazón. No tiene remedio» (Jeremías 17:9).

El gran intercambio

«Al que no cometió pecado alguno, por nosotros Dios lo trató como pecador, para que en él recibiéramos la justicia de Dios». (2 Corintios 5:21)

Jesús no murió sólo para pagar el castigo por tu pecado. Él tomó sobre sí mismo tu naturaleza impura e inmunda, eliminando tu contaminación interna. A cambio, te convirtió en alguien muy diferente de quien eras antes. Te convirtió en la justicia de Dios. Tu corazón ya no es engañoso, perverso y sin remedio. Se cumplió la gran profecía de Ezequiel de que recibiríamos un corazón nuevo y un espíritu nuevo (Ezequiel 11:19).

Ya no somos por naturaleza hijos de ira. Pedro nos dice que de hecho ahora compartimos la naturaleza divina de Dios (2 Pedro 1:4). Nuestra vergüenza ha desaparecido por completo. ¡La pasada, la presente y la futura!

Nuestra nueva identidad

Por lo tanto, si alguno está en Cristo, es una nueva creación. ¡Lo viejo ha pasado, ha llegado ya lo nuevo! (2 Corintios 5:17)

Hace dos mil años, tú y yo y todos los que están en Cristo, murieron en la cruz con Cristo. Nuestro antiguo ser, vergonzoso, amante del pecado, murió. Dejó de existir. Se extinguió. Un biólogo podría traducir 2 Corintios 5:17 de este modo: «... todo el que pertenece a Cristo ¡se ha convertido en una nueva especie!»

Los sentimientos de vergüenza nos **alejan** de un Dios justo y santo. Pero ya no tenemos que huir. No tenemos que escondernos. Sin importar nuestro pasado. Porque, en Cristo, tenemos una identidad completamente nueva y limpia.

Puedes **acercarte** con confianza y entablar una relación íntima con Dios mismo en el Lugar Santísimo, ¡porque estás limpio y eres santo en lo más profundo de tu ser! Ver Hebreos 10:19-22.

¿Vas a creer lo que la palabra de Dios dice de ti? ¿O vas a creer lo que tu experiencia dice de ti?

Un nuevo nombre

Las naciones verán tu justicia, y todos los reyes tu gloria; recibirás un nombre nuevo, que el Señor mismo te dará. Serás en la mano del Señor como una corona esplendorosa, ¡como una diadema real en la palma de tu Dios! Ya no te llamarán «Abandonada», ni a tu tierra la llamarán «Desolada», sino que serás llamada «Mi deleite»; tu tierra se llamará «Mi esposa»;

(Isaías 62:2-4)

PAUSA PARA LA REFLEXIÓN 2

¿Cuál de tus «nuevos nombres» te ha impactado más?

¿Qué puedes hacer para que esta verdad sea una realidad en tu vida?

Si asimilas esta verdad en tu corazón y no solo en tu mente, ¿cómo podría afectar tu relación con Dios y con los demás?

Cómo mantenerte libre de pecado

Una de las implicaciones de nuestra nueva vida, fresca, limpia y libre de vergüenza es que podemos mantenerla así y no tenemos que regresar a los viejos ciclos de pecado que nos atrapan en la vergüenza. Tu nueva identidad es la clave para ser libre del pecado.

«Sabemos que nuestra vieja naturaleza fue crucificada con él para que nuestro cuerpo pecaminoso perdiera su poder, de modo que ya no siguiéramos siendo esclavos del pecado; porque el que muere queda liberado del pecado». (Romanos 6:6-7).

Pablo quiere decir que, si la muerte ya no tiene dominio sobre ti, tampoco lo tiene el pecado. La clave es entender la implicación de nuestra nueva identidad. Pablo se esfuerza por ayudarnos a comprender que aquella vieja identidad que solía vivir independientemente de Dios ha muerto junto con Cristo. Eso significa que ya no estamos obligados a movernos al ritmo del pecado.

Reconoce que has muerto al pecado

«De la misma manera, consideraos vosotros también muertos al pecado, pero vivos para Dios en Cristo Jesús. Por lo tanto, no permitáis que el pecado reine en vuestro cuerpo mortal, ni obedezcáis a sus malos deseos. No ofrezcáis los miembros de vuestro cuerpo al pecado como instrumentos de injusticia; al contrario, ofreceos más bien a Dios como quienes han vuelto de la muerte a la vida, presentando los miembros de vuestro cuerpo como instrumentos de justicia. Así el pecado no tendrá dominio sobre vosotros, porque ya no estáis bajo la ley sino bajo la gracia». (Romanos 6:11-14)

Primero, debemos considerarnos «muertos al pecado» porque lo estamos. Esto quiere decir que nuestra relación con el pecado ya no es del tipo amo — esclavo. Segundo, elegimos no rendir ninguna parte de nuestro cuerpo al pecado, más bien entregar nuestros cuerpos y todos sus miembros a Dios... para hacer el bien.

Reconoce la realidad del diablo y resístele

Aunque sabemos que la Biblia habla del diablo y de los demonios, la mayoría de nosotros, los que nos hemos criado en occidente, ignoramos la realidad del mundo espiritual en nuestra vida y en nuestro ministerio en el día a día. La Biblia dice que cuando pecamos, le damos al diablo un punto de apoyo — un lugar de influencia en nuestra vida.

Está muy bien haber recibido el perdón por tu pecado, pero sigues caminando con un punto de apoyo cedido al enemigo. Y ese problema no resuelto producirá un corto circuito con el poder de Dios que te permite vivir en santidad. Te dificultará resistir la tentación, dificultará tomar decisiones correctas, y dificultará renovar la mente. Y mientras más te adentras en este ciclo, más aprovecha el enemigo para acusarte, incrementando la vergüenza. Es aquí donde muchos se dan por vencidos y tiran la toalla.

Simplemente confesar después de cada ocasión en la que pecamos no resuelve el asunto. ¿Por qué? Porque eso no completa el proceso de arrepentimiento.

Santiago 4:7 dice: «Así que someteos a Dios. Resistid al diablo, y él huirá de vosotros». Confesar es sólo la primera parte — el sometimiento. Necesitamos continuar y completar lo que nos corresponde, resistiendo al diablo activamente, y quitándole el punto de apoyo que le hemos entregado al enemigo, el cual permitía que el pecado reinara en nuestro cuerpo.

Renueva tu mente

A partir de ahí podemos avanzar hacia la renovación de la mente, que es la manera de ser transformados. Se trata de remplazar las mentiras que hemos creído por la verdad.

PAUSA PARA LA REFLEXIÓN 3

¿Qué efecto tiene en nosotros y en aquellos con quienes nos relacionamos, el esconder cosas porque nos sentimos avergonzados?

Cuando caemos en pecado, ¿qué pasos podemos tomar que nos permiten recuperarnos?

Si te consideras «muerto al pecado», ¿cómo cambiará la manera en la que respondas la próxima vez que seas tentado?

Verdades y mentiras

Pídele a Dios que te muestre aquellas áreas donde tu pensar no concuerda con la verdad y apúntalas en la *Lista de Mentiras* al final de este libro. Algunas mentiras podrían ser:

- que algún suceso del pasado ha marcado tu identidad permanentemente
- que algo que te hicieron te ha convertido en alguien repulsivo y esto es irreversible, cuando Dios dice que él te ha limpiado

- que por algún motivo eres «menos» que los demás
- que no puedes escapar de un pecado que te tiene atrapado

TESTIMONIO

¿Cómo compartirías acerca de tu nuevo nombre con un amigo no-creyente y cómo le explicarías lo que ese nombre significa para ti?

PARA LA PRÓXIMA SEMANA

Busca las referencias bíblicas en la lista de *Mi nuevo nombre*. Comparte tu nuevo nombre con una o más personas que no hayan estado en la sesión.

Si estás atrapado en un ciclo de pecar-confesar, pecar-confesar y continúas regresando al mismo pecado, haz el ejercicio de la página 45 de la *Guía del Participante*.

Mi Nuevo Nombre

Mi nuevo nombre es Amado (Colosenses 3:12, 1 Juan 4:10)

Mi nuevo nombre es Apuesto (Cantar de los Cantares 1:16, 4:1)

Mi nuevo nombre es Elegido (Efesios 1:4)

Mi nuevo nombre es Precioso (Isaías 43:4)

Mi nuevo nombre es Limpio (Juan 15:3)

Mi nuevo nombre es Presentable (Hebreos 10:22)

Mi nuevo nombre es Protegido (Salmo 91:14, Juan 17:15)

Mi nuevo nombre es Bienvenido (Efesios 3:12)

Mi nuevo nombre es Heredero (Romanos 8:17, Gálatas 3:29)

Mi nuevo nombre es Completo (Colosenses 2:10)

Mi nuevo nombre es Santo (Hebreos 10:10, Efesios 1:4)

Mi nuevo nombre es Perdonado (Salmo 103:3, Colosenses 2:13)

Mi nuevo nombre es Adoptado (Efesios 1:5)

Mi nuevo nombre es Admirado (Isaías 62:4)

Mi nuevo nombre es Confiado (Romanos 10:11)

Mi nuevo nombre es Conocido (Psalmos 139:1)

Mi nuevo nombre es Planeado (Efesios 1:11-12)

Mi nuevo nombre es Rico en dones (1 Corintios 12:8-11, 2 Timoteo 1:6)

Mi nuevo nombre es Afortunado (2 Corintios 8:9)

Mi nuevo nombre es Provisto (1 Timoteo 6:17)

Mi nuevo nombre es Especial (Deuteronomio 7:6 RV)

Mi nuevo nombre es Puro (Filipenses 2:15)

Mi nuevo nombre es Fortalecido (Romanos 16:25)

Mi nuevo nombre es Obra de Arte de Dios (Efesios 2:10)

Mi nuevo nombre es Libre de Temor (Hebreos 13:6)

Mi nuevo nombre es Libre de Condenación (Romanos 8:1)

Mi nuevo nombre es Hijo de Dios (Romanos 8:15-16)

Mi nuevo nombre es Amigo de Cristo (Juan 15:15)

Mi nuevo nombre es Novia de Cristo (Apocalipsis 19:7, Cantar de los cantares 7:10)

Cómo romper los ciclos de pecar – confesar

¿Estás frustrado porque vuelves una y otra vez a caer en los mismos pecados?

Te invitamos a leer esta declaración en voz alta (basada en Romanos 6 y Santiago 4). En lugar de depender de tus propias fuerzas e inventarte normas para evitar pecar, puedes disfrutar de la realidad de tu nueva identidad. ¡Cristo en ti, la esperanza de gloria! (Colosenses 1:27). Declárala en voz alta a diario, durante el tiempo que sea necesario.

Declaro que ahora soy una nueva creación en Cristo. He muerto al pecado y vivo en Dios. Confieso mis pecados [especifica cualquier pecado persistente] y los dejo atrás.

Declaro que el pecado de [especifica todo pecado reiterado, uno por uno] ya no reina en mí y renuncio a su control sobre mí. Jesús, quien vive en mí, es mi cariñoso Amo y Señor y todo lo que soy ahora le pertenece a él.

Gracias, Jesús, por haberme hecho santo, para que yo PUEDA glorificarte en mi cuerpo. Por lo tanto, rehúso ofrecer mi cuerpo para cometer injusticia. Al contrario, someto todo lo que soy a mi Padre Celestial, el cual me dio vida junto con Cristo Ofrezco libremente todo mi cuerpo: mi corazón; mis ojos; mis oídos; mi boca; mi lengua; mis manos; mis pies; mis órganos sexuales; mi mente; mi entendimiento; mi capacidad intelectual; mis emociones; mi imaginación y mi razonamiento a Dios, y elijo usar estas partes de mi cuerpo sólo para cosas justas, dependiendo completamente del poder de su Santo Espíritu en mí para lograrlo.

Por lo que me someto completamente a Dios y resisto al diablo, quien deberá ahora huir de mí. (ver Santiago 4:7).

SESIÓN 4: ¡VALIENTE!

BIENVENIDA

Cuando eras pequeño, ¿qué te causaba temor?

ADORACIÓN

¡Todo cuanto tiene Jesús es mío también! Juan 10:10, 16:14-15.

ORACIÓN Y DECLARACIÓN

Mi Padre Dios, tú eres mi Roca, mi Escudo, mi Libertador y mi Torre fuerte. ¡Qué maravilloso es saber que estoy en la palma de tu mano y que nadie me puede arrebatar! En el poderoso nombre de Jesús, mi Señor. Amén.

No se me ha dado un espíritu de temor, por lo que rechazo cualquier ataque espiritual de temor, ansiedad o preocupación. No les permito que me impidan escuchar la verdad. Escojo ahora fijar mis ojos en Jesús y depositar mi confianza sólo en él.

PALABRA

Versículo central: «¡Sé fuerte y valiente! ¡No tengas miedo ni te desanimes! Porque el Señor tu Dios te acompañará dondequiera que vayas». (Josué 1: 9)

Verdad clave: No tenemos que permitir que los temores malsanos nos controlen o determinen la agenda en nuestra vida, porque Dios es todopoderoso y omnipresente, y por gracia nos ha dado poder, amor y dominio propio.

Sé fuerte y valiente

Cuando toda la generación de los israelitas que escaparon de Egipto hubo muerto vagando por el desierto, Dios finalmente le dijo a Josué que cruzara el Jordán y tomara la tierra que les había prometido.

Dios le dijo a Josué: «Así como estuve con Moisés, también estaré contigo; no te dejaré ni te abandonaré. Sé fuerte y valiente». (Josué 1: 5-6a). Entonces Dios repitió: «Sólo te pido que tengas mucho valor y firmeza», y añade una instrucción: «para obedecer toda la ley que mi siervo Moisés te mandó. No te apartes de ella para nada; sólo así tendrás éxito dondequiera que vayas. Recita siempre el libro de la ley y medita en él de día y de noche; cumple con cuidado todo lo que en él está escrito. Así prosperarás y tendrás éxito». (Josué 1: 7-8). A continuación Dios repitió una vez más: «¡Sé fuerte y valiente! ¡No tengas miedo ni te desanimes! Porque el Señor tu Dios te acompañará dondequiera que vayas». (Josué 1: 9)

¿Qué nos dice Dios a nosotros? El autor de la carta a los Hebreos nos cuenta: «Nunca te dejaré; jamás te abandonaré». Así que podemos decir confiadamente: «El Señor es quien me ayuda; no temeré. ¿Qué me puede hacer un simple mortal?» (Hebreos 13:5-6).

Eres un hijo de Dios con la túnica, el anillo y las sandalias. Por su gracia, tenemos todo lo necesario para vivir una vida que da mucho fruto. Pero el miedo es uno de los principales factores que nos puede detener. Y si el temor nos motiva, entonces el amor no puede motivarnos.

¿Qué es el temor?

El temor es una reacción emocional que desencadena una respuesta física en nuestros cuerpos ante la percepción de un peligro o un daño inminente.

En realidad el temor no es necesariamente malo. Necesitamos tener un temor sano hacia las cosas que nos pueden hacer daño. Es decir, que existen temores sanos.

El temor saludable es el temor que tiene sentido. Cosas como: no intentar acariciar un perro rabioso con espuma en la boca; no cruzar una autopista donde circulan coches a toda velocidad; no colocar la mano sobre la estufa caliente.

El temor malsano

El temor malsano es el temor que no responde razonablemente a las circunstancias. Puede que no seamos conscientes de algunos de los temores malsanos que operan en nuestras vidas. Por otro lado, algunos temores pueden controlarnos y paralizarnos. Los temores más graves se conocen como fobias.

Los temores malsanos nos asfixian. Comprimen como los anillos de una boa o de una serpiente pitón. Estas serpientes primero muerden a su víctima para anclarse y rápidamente se enrollan alrededor del torso de la presa. Cada vez que la víctima exhala, la serpiente aprieta más el pecho, impidiendo que pueda inhalar tan profundamente como antes. Esto va en aumento hasta que, finalmente, la víctima se asfixia, ¡absolutamente incapaz de respirar!

La mayoría de nosotros no padecemos fobias. Pero esto no significa que no nos veamos afectados por temores malsanos. Sólo que éstos se han vuelto parte de nuestra vida y creemos que simplemente somos así. Pero ellos nos impiden llegar a ser lo que Dios quiere que seamos. La buena noticia es que todo temor — sin importar su gravedad — puede solucionarse en Cristo.

The great news is that every fear — no matter how severe — can be resolved in Christ.

PAUSA PARA LA REFLEXIÓN 1

Primero, oremos juntos en voz alta:

Querido Padre celestial,

Vengo a ti como tu hijo y me coloco bajo tu cuidado y protección. Gracias por amarme tanto. Confieso mi temor y ansiedad debidos a mi desconfianza e incredulidad. No siempre he vivido por fe sino que muy a menudo he dependido de mis propias fuerzas y recursos. Te agradezco que en Cristo tú me perdonas.

Elijo creer la verdad que dice que no me has dado un espíritu de cobardía, sino de poder, amor y dominio propio (2 Timoteo 1:7). Por lo tanto, renuncio a todo espíritu de temor. Revélame todos los temores que me han estado controlando. Muéstrame cómo me he vuelto temeroso y las mentiras que he creído. Deseo vivir una vida responsable en el poder de tu Espíritu Santo. Muéstrame cómo estos temores me han impedido hacerlo. Te lo pido para poder confesarlos, renunciar a ellos y superar todo temor por fe en ti. En el nombre de Jesús. Amén.

Ahora, a solas con Dios, anota los temores a los que has sido propenso en una hoja aparte. La siguiente lista puede ayudarte a identificar algunos de ellos, pero es probable que haya otros. Tendrás la oportunidad de continuar trabajando en los temores que has identificado más adelante en la sesión.

- Temor a Satanás
- Temor al divorcio
- Temor a la muerte
- Temor a no ser amado por Dios
- Temor a no ser amado nunca
- Temor a no ser capaz de amar
- Temor al matrimonio
- Temor al rechazo de la gente
- Temor a no casarse
- Temor a no tener hijos
- Temor a la desaprobación
- Temor a la vergüenza
- Temor al fracaso

- Temor a los problemas económicos
- Temor a volverse loco
- Temor a ser un caso perdido
- Temor a la muerte de un ser querido
- Temor al futuro
- Temor a la confrontación
- Temor a ser víctima de un crimen
- Temor a haber cometido un pecado imperdonable
- Temor a determinadas personas, animales u objetos
- Otros temores que el Señor te revele

«Porque no nos ha dado Dios un espíritu de cobardía, sino de poder, de amor y de dominio propio». 2 Timoteo 1:7 (LBLA)

El temor nos priva de poder, impide que el amor nos motive e interfiere con nuestro dominio propio. Pero Dios no nos ha dado un espíritu cobarde. Él nos ha dado un espíritu valiente.

Poder

Considera el poder que resucitó a Cristo de entre los muertos. ¡Eso sí que es poder! Ese mismo poder vive en ti. (Ver Romanos 8:11, Efesios 1:18-21).

Esto no significa que debas sacar pecho y pensar: «Bien, voy a ser fuerte». No es tu fuerza lo que importa, es la fuerza del Espíritu Santo de Dios que vive dentro de ti.

Amor

«En el amor no hay temor, sino que el amor perfecto echa fuera el temor. El que teme espera el castigo, por lo que no ha sido perfeccionado en el amor». (1 Juan 4:17-18)

Cuando llegas a conocer y asimilar el perfecto amor de Dios hacia ti, desaparece el miedo a su castigo.

Dominio propio

(Al dominio propio en algunas traducciones se le denomina «buen juicio»)

Todos nos encontramos en una batalla espiritual. Básicamente es una batalla entre la verdad y la mentira, y el campo de batalla es nuestra mente.

El temor distorsiona la verdad. Cada temor malsano se basa en una mentira. Entonces, ejercitar el dominio propio o el buen juicio es simplemente escoger ver las cosas como Dios dice que son, es decir, como son en realidad.

Para que un temor sea sano y legítimo, su objeto debe:

• estar presente

• ser poderoso

Con tan sólo neutralizar **uno** de esos atributos se elimina el temor.

La mayoría de nuestros temores tienen que ver con el temor a la muerte o el temor a la gente.

El temor a la muerte

¿Se puede eliminar la **presencia** de la muerte? No, a menos que Jesús regrese antes, cada uno de nosotros va a morir.

¿Qué pasa con el otro atributo de la muerte… su **poder**? «Cristo murió… para anular, mediante la muerte, al que tiene el dominio de la muerte —es decir, al diablo—, y librar a todos los que por temor a la muerte estaban sometidos a esclavitud durante toda la vida». (Hebreos 2:14-15)

> «La muerte ha sido devorada por la victoria.
> ¿Dónde está, oh muerte, tu victoria? ¿Dónde está, oh muerte, tu aguijón?
> El aguijón de la muerte es el pecado, y el poder del pecado es la ley. ¡Pero gracias a Dios, que nos da la victoria por medio de nuestro Señor Jesucristo!» (1 Corintios 15:54-57)

El temor a la gente

> «Temer a los hombres resulta una trampa, pero el que confía en el Señor sale bien librado». (Proverbios 29:25)

Dios no quiere que nos aislemos de la **presencia** de otras personas. Por lo tanto, la posibilidad de que no le caigamos bien a alguien y que alguien nos dé la espalda, sin duda siempre está **presente**. ¿Pero qué ocurre con el **poder** que esto tiene sobre ti? Si te comprometes siempre a obedecer a Dios, pase lo que pase, antes que a la gente, le habrás robado el poder a la situación. La amenaza estará presente, pero ya no será poderosa.

PAUSA PARA LA REFLEXIÓN 2

«Detrás de cada temor malsano hay una mentira». Mira los temores de la lista — o, mejor aún, trabaja en los temores que identificaste en la Pausa para la Reflexión 1. Si alguien es propenso a tener esos temores, ¿qué mentiras podría estar creyendo? Por ejemplo, una posible mentira para (1) es «Satanás es más poderoso que yo».

1. Temor a Satanás
   y al poder de las tinieblas
2. Temor al futuro
3. Temor al rechazo

4. Temor al fracaso
5. Temor a la confrontación
6. Temor a los problemas económicos

¿Qué verdades de la palabra de Dios puedes encontrar para cada mentira? Por ejemplo, para (1) un buen versículo sería Santiago 4:7 «Someteos a Dios. Resistid al diablo, y él huirá de vosotros».

Cómo vivir libre del temor

Todos vamos a tener que luchar con temores malsanos. Es parte de la vida. Ser valientes significa que decidimos actuar según la verdad y no de acuerdo a lo que dictan nuestros sentimientos. Vamos a ver un plan de acción para hacerles frente.

1. Resuelve asuntos de pecado

«Escuché que andabas por el jardín, y tuve miedo porque estoy desnudo. Por eso me escondí». (Génesis 3:10)

El pecado hizo que Adán sintiera temor por primera vez en su vida. El pecado no resuelto nos hace vulnerables al temor.

Te recomendamos que hagas *Los Pasos hacia la libertad en Cristo* con cierta frecuencia — un proceso tranquilo y respetuoso que le da al Espíritu Santo la oportunidad de revelarte cualquier pecado, para tratarlo mediante la confesión y el arrepentimiento.

2. Reconoce que Dios siempre está presente Y siempre es poderoso.

Sólo existe un temor que siempre es sano. El temor de Dios. ¿Por qué? Porque Dios es omni**presente** y omni**potente**.

A primera vista el «temor de Dios» es algo a lo que da la impresión que deberíamos tener miedo, pero el temor de Dios es simplemente reconocer quién es él. Y ese también es el mayor antídoto ante todo temor malsano: creer la verdad que dice que ese Dios omnisciente, omnipresente, omnipotente, ese Dios de gracia y amor absoluto, ¡está con nosotros y en nosotros!

Incluso el valiente y poderoso rey David luchó con el temor; pero encontró la manera de evitar que éste le abrumara:

«Bendeciré al Señor en todo tiempo; mis labios siempre le alabarán. Mi alma se gloría en el Señor; lo oirán los humildes y se alegrarán. Engrandeced al Señor conmigo; exaltemos a una su nombre. Busqué al Señor, y él me respondió; me libró de todos mis temores». (Salmo 34:1-4)

Para superar el temor, es esencial cultivar un estilo de vida de alabanza y adoración.

3. Encuentra la mentira detrás del temor malsano

Detrás de todo temor malsano hay una mentira. Para arrancar el temor de raíz, tenemos que identificar esa mentira. Por ejemplo, si hablar de Satanás y los demonios te causa temor, ¿cuál será la mentira que crees? Podría ser: «Satanás es más poderoso que yo».

Efesios 2:6 explica que estamos sentados con Cristo. ¿Y dónde está él? A la diestra del Padre, en los lugares celestiales, muy por encima de todo poder y autoridad. Santiago 4:7 nos dice que si nos sometemos a Dios y resistimos al diablo, él tiene que huir de nosotros.

4. Renueva tu mente

Cuando una mentira está profundamente arraigada se convierte en una «fortaleza», un hábito mental que no concuerda con lo que Dios dice en su palabra.

El paso final es cambiar tu sistema de creencias para remplazar las mentiras con la verdad. Pablo lo llama la «renovación de la mente» y dice que nos lleva a ser «transformados» (Romanos 12:2). Imagínate lo diferente que sería tu vida si no tuvieses temores malsanos.

El «Demoledor de Fortalezas» es un proceso estructurado que te ayudará a renovar tu mente, y se explica en las páginas 58 a 60.

La Palabra de Dios frente a las circunstancias

¿A quién vas a creer: a la Palabra de Dios o a tus circunstancias?

«Nunca te dejaré ni te abandonaré» (Hebreos 13:5). Las palabras de Dios se ponen a prueba justamente cuando nuestras circunstancias y sentimientos nos gritan todo lo contrario a lo que Dios dice que es verdad. En la última sesión preguntamos: «¿Vas a creer lo que la Palabra de Dios dice de ti, o vas a creer lo que tus circunstancias te dicen?»

El temor es lo contrario a la fe — y la fe es sencillamente creer que lo que Dios nos ha dicho es verdad. En otras palabras, tomas la decisión de creer lo que ya es verdad — ¿y por qué no querrías hacerlo? Sin importar lo que suceda a tu alrededor, tienes a Jesús en tu barco.

Verdades y mentiras

Toma unos minutos para considerar las mentiras que han salido a la luz en esta sesión y apúntalas en la *Lista de Mentiras* al final de esta guía.

Recuerda que cada temor malsano en nuestra vida tiene en su raíz al menos una mentira que hemos creído.

Una mentira muy común que alimenta nuestro temor es: «Si digo lo que realmente creo, la gente me rechazará y eso me será muy doloroso. Es más seguro callar».

Otra mentira es que no podemos contar con Dios, que él nos abandonará.

Es posible que las mentiras detrás de tus temores estén algo enmarañadas. ¡Pero piensa cuánto puede cambiar tu vida si te deshaces de esos temores malsanos! Y puedes hacerlo

TESTIMONIO

¿Cómo le explicarías a alguien que todavía no conoce a Jesús la diferencia que él marca al liberarte de los temores que te controlaban?

PARA LA PRÓXIMA SEMANA

Si has tomado conc iencia de que el miedo y la ansiedad son problemas para ti, haz los dos ejercicios: *Los Pasos para Superar el Temor* [en las páginas 61 a 63 de la Guía del Participante) y *Resolviendo la Ansiedad* (en las páginas 63 a 65 de la Guía del Participante). Los diseñó el Dr. Neil T. Anderson como anexos a sus *Pasos hacia la Libertad en Cristo* y se usan con permiso. Si tu lucha con el miedo y la ansiedad es fuerte, te recomendamos buscar la ayuda de un cristiano maduro para trabajarlos. Si has completado la Pausa para la Reflexión 1 de esta sesión, ya has avanzado en el primer ejercicio.

Tenemos una estrategia a la que llamamos «Demoledor de Fortalezas». Este proceso es una forma sencilla de renovar tu mente. Así es como funciona:

1. Identifica la mentira detrás del temor (o de otra fortaleza).

Antes de nada, tienes que descubrir cuál es la mentira, tal como lo hicimos en la Pausa para la Reflexión 2 de esta sesión. Puede que te beneficies de la ayuda de otros.

A continuación, considera el efecto que esa mentira ha tenido en tu vida — queremos que el ver los efectos negativos te incite a demoler la fortaleza. Por ejemplo, el efecto de creer la mentira que dice que Satanás es más fuerte que tú, es que has permitido que el enemigo te desvíe de los planes de Dios para ti.

2. Busca todos los versículos bíblicos que puedas que afirmen la verdad y apúntalos.

Para ello te vendrá bien una concordancia bíblica o la ayuda de un pastor/líder que conozca bien la Biblia.

3. Escribe una oración basada en la fórmula:

> **Renuncio a la mentira que dice que...**
> **Proclamo la verdad que dice que...**

Encontrarás ejemplos del «Demoledor de Fortalezas» en las siguientes páginas para darte una idea de cómo son.

4. Lee tu oración diariamente en voz alta durante 40 días.

¿Por qué 40 días? Los psicólogos nos dicen que formar o romper un hábito nos lleva más o menos seis semanas. Una vez que has eliminado los asuntos de pecado que daban un punto de apoyo al enemigo, una fortaleza de la mente es simplemente un hábito mental. ¿Se puede romper un hábito? Por supuesto - pero requiere un esfuerzo durante un período de tiempo. Persevera hasta completar un total de 40 días, y recuerda que gran parte de ese tiempo sentirás que es una pérdida de tiempo, porque sentirás como si la mentira es la verdad. Te aseguro que si perseveras, la fortaleza se derrumbará.

Demoledor de Fortalezas - Ejemplo 1

Temor a la crítica:

La mentira: no doy la talla o no soy digno de aprobación

Efectos en mi vida: sentirme inseguro; temer a la gente; ceder en lugar de defender mis convicciones; cambiar mi apariencia; estar ansioso por intentar decir y hacer «lo correcto».

«No me escogisteis vosotros a mí, sino que yo os escogí a vosotros». (Juan 15:16)

«(Él) nos selló como propiedad suya y puso su Espíritu en nuestro corazón, como garantía de sus promesas». (2 Corintios 1:22)

«Se deleitará en ti con gozo, te renovará con su amor, se alegrará por ti con cantos». (Sofonías 3:17)

«La gente se fija en las apariencias, pero yo me fijo en el corazón». (1 Samuel 16:7)

«El Señor está conmigo, y no tengo miedo; ¿qué me puede hacer un simple mortal?» (Salmo 118:6) «...hablamos como hombres a quienes Dios aprobó y les confió el evangelio; no tratamos de agradar a la gente sino a Dios, que examina nuestro corazón»(1 Tesalonicenses 2:4)

Querido Padre Dios, renuncio a la mentira que dice que no doy la talla o que no soy digno de aprobación. Proclamo la verdad que dice que tú me escogiste, que he recibido un nuevo corazón y por lo tanto tengo tu sello de aprobación. Incluso cuando otros me critican, tú te deleitas en mí, y tu opinión importa mucho más. Ahora decido agradarte a ti en lugar de agradar a los demás, y confiar en tu promesa que dice que estarás conmigo dondequiera que vaya a compartir las buenas nuevas con otros. Amén.

Marca los días:

1	2	3	4	5	6	7	8	9	10
11	12	13	14	15	16	17	18	19	20
21	22	23	24	25	26	27	28	29	30
31	32	33	34	35	36	37	38	39	40

Demoledor de Fortalezas - Ejemplo 2
Temor al fracaso

La mentira: cuando fallo, valgo menos que antes.

Efectos en mi vida: indisposición a la hora de aceptar retos que superan mi nivel de comodidad; enfocarme en las tareas en lugar de en las personas; la ira; la competitividad; el afanarme por lograr la perfección.

«Porque te amo y eres ante mis ojos precioso y digno de honra». (Isaías 43:4)

«... y en él (Cristo), que es la cabeza de todo poder y autoridad, habéis recibido esa plenitud». (Colosenses 2:10 [LBLA])

«Porque somos hechura de Dios, creados en Cristo Jesús para buenas obras, las cuales Dios dispuso de antemano a fin de que las pongamos en práctica». (Efesios 2:10)

«(Dios) puede hacer muchísimo más que todo lo que podamos imaginarnos o pedir, por el poder que obra eficazmente en nosotros». (Efesios 3:20)

«... pues Dios es quien produce en vosotros tanto el querer como el hacer para que se cumpla su buena voluntad». (Filipenses 2:13)

Querido Padre Celestial, renuncio a la mentira que dice que cuando fallo valgo menos que antes. Proclamo la verdad que dice que soy hechura tuya, que soy precioso, digno de honra y amado por ti independientemente de mi éxito o fracaso. Declaro que ya estoy completo en Cristo y que estás trabajando en mí para tu buena voluntad, y para hacer muchísimo más de lo que podría imaginar o pedir. En el nombre de Jesús. Amén.

Marca los días:

1	2	3	4	5	6	7	8	9	10
11	12	13	14	15	16	17	18	19	20
21	22	23	24	25	26	27	28	29	30
31	32	33	34	35	36	37	38	39	40

Pasos para vencer el temor

Analiza tu temor bajo la autoridad y dirección de Dios

Comienza orando en voz alta de la siguiente manera:

Querido Padre celestial,

Vengo a ti como tu hijo. Me pongo bajo tu protección y cuidado. Gracias por amarme tanto. Confieso que he estado temeroso y ansioso por mi falta de confianza y mi incredulidad. No siempre he vivido por fe en ti y demasiadas veces he confiado en mis propias fuerzas y recursos. Te agradezco que en Cristo tengo perdón.

Decido creer la verdad que dice que tú no me has dado un espíritu de temor, sino de poder, de amor y de dominio propio (2 Timoteo 1:7). Por lo tanto, renuncio a todo espíritu de temor. Te pido que me reveles todos los temores que me han estado controlando. Muéstrame cómo me he vuelto temeroso y qué mentiras he creído. Deseo vivir responsablemente en el poder de tu Espíritu Santo. Muéstrame cómo esos temores me han obstaculizado. Te lo pido para confesar, renunciar, y vencer cada temor por la fe en ti. En el nombre de Jesús. Amén.

La lista que viene a continuación puede ayudarte a reconocer algunos temores que te han estado obstaculizando en tu caminar de fe. En un folio aparte, escribe aquellos que se aplican a ti, y cualquier otro que, aunque no esté en la lista, el Espíritu Santo te haya revelado. Al recorrer tu pasado en oración, escribe una breve descripción de lo que pasó y cuándo para provocar ese temor.

- ❑ Temor a Satanás
- ❑ Temor al divorcio
- ❑ Temor a la muerte
- ❑ Temor a no ser amado por Dios
- ❑ Temor a no ser amado nunca
- ❑ Temor a no ser capaz de amar
- ❑ Temor al matrimonio
- ❑ Temor a ser rechazado
- ❑ Temor a no casarse nunca
- ❑ Temor a no tener hijos
- ❑ Temor a la desaprobación
- ❑ Temor a ser avergonzado
- ❑ Temor al fracaso
- ❑ Temor a ser o volverse homosexual
- ❑ Temor a problemas económicos
- ❑ Temor a enloquecer
- ❑ Temor a ser un caso perdido
- ❑ Temor a la muerte de un ser querido
- ❑ Temor al futuro
- ❑ Temor al enfrentamiento
- ❑ Temor a ser víctima de un crimen
- ❑ Temor a haber cometido un pecado imperdonable
- ❑ Temor a personas, animales u objetos específicos
- ❑ Otros temores específicos que el Señor te traiga a la mente

La raíz de todo temor irracional es una creencia que no se basa en la verdad. Estas creencias falsas necesitan ser extirpadas y remplazadas por la verdad de la Palabra de Dios. Toma todo el tiempo que necesites en oración para discernir estas mentiras.

Renunciar a ellas y escoger la verdad es un paso crítico hacia obtener y mantener tu libertad en Cristo. Necesitas conocer y escoger la verdad para que ella te haga libre. Anota las mentiras que has creído con cada temor y la verdad correspondiente de la Palabra de Dios.

Cómo has vivido bajo el control del temor

El próximo paso es determinar cómo el temor te ha impedido vivir de modo responsable, cómo te ha empujado a ser irresponsable, o cómo ha puesto en peligro tu testimonio cristiano. Después de haber logrado una mejor comprensión de tus temores, es hora de experimentar la limpieza de Dios a través de la confesión y el arrepentimiento (1 Juan 1:9; Proverbios 28:13). La confesión es estar de acuerdo con Dios en que lo que hiciste fue pecado. El arrepentimiento es decidir dejar atrás el pecado y cambiar tu manera de pensar. Ora de la siguiente manera por cada temor que hayas analizado antes:

Querido Señor,

Confieso y me arrepiento del temor a _____ He creído _____ (indica la mentira). Renuncio a esta mentira y escojo creer la verdad que dice que _____ (indica la verdad). También confieso toda manera en la que este temor ha causado que viva irresponsablemente o ha puesto en peligro mi testimonio para Cristo (menciona específicamente).

Ahora decido vivir por fe en ti, Señor, creyendo tu promesa que dice que tú me protegerás y llenarás todas mis necesidades (Salmo 27:1; Mateo 6:33,34). En el nombre de Jesús, quien es digno de confianza. Amén.

Después de trabajar cada temor que el Señor te ha revelado (incluyendo las mentiras y los comportamientos pecaminosos correspondientes), ora de la siguiente manera:

Querido Padre celestial,

Te agradezco que seas verdaderamente digno de confianza. Decido creer en ti, aún cuando mis sentimientos y circunstancias me empujan a temer. Me has dicho que no tema, porque tú estás conmigo; que no me angustie, porque tú eres mi Dios. Tú me fortalecerás y me ayudarás; me sostendrás con tu diestra victoriosa. En el poderoso nombre de Jesús. Amén. (Isaías 41:10)

Elabora un plan de comportamiento responsable

El siguiente paso es enfrentarte al temor y, en oración, elaborar un plan para vencerlo. Alguien dijo una vez: «Haz aquello que más temes y la muerte del temor está asegurada». El temor es como un espejismo en el desierto. Parece muy real hasta que te aproximas a él. Entonces desaparece. Siempre y cuando retrocedamos frente al temor, nos perseguirá y crecerá, convirtiéndose en un gigante.

Determina cuál será tu respuesta ante el temor

El temor de Dios es el que puede disipar todos los otros temores, porque Dios reina supremo sobre todo otro objeto de temor, Satanás incluido. Aunque «vuestro enemigo el diablo ronda como león rugiente, buscando a quién devorar» (1 Pedro 5:8), él ha sido derrotado. Cristo «desarmó a los poderes y a las potestades, y... los humilló en público al exhibirlos en su desfile triunfal» (Colosenses 2:15).

La presencia de cualquier objeto de temor nos debe incitar a enfocarnos en Dios, el cual está siempre presente y es todopoderoso. Adorar a Dios es reconocer todos sus atributos divinos. La adoración mantiene presente en nuestras mentes la verdad que dice que nuestro amoroso Padre celestial está siempre con nosotros y es más poderoso que cualquier enemigo o circunstancia.

Comprométete a cumplir con el plan de acción en el poder del Espíritu Santo

Recuerda, nunca estás solo en la batalla. «Es Dios quien produce en vosotros tanto el querer como el hacer para que se cumpla su buena voluntad» (Filipenses 2:13).

Resolver la Ansiedad

La ansiedad se diferencia del temor en que carece de un objeto o causa adecuada. La ansiedad llega cuando sentimos inseguridad sobre un resultado específico o porque no sabemos lo que sucederá en el futuro. Es normal que nos preocupemos sobre aquellas cosas que valoramos; no hacerlo demostraría una falta de cuidado.

La ansiedad nos sobreviene temporalmente cuando tenemos un examen inminente, al asistir a una ceremonia importante, o bajo la amenaza de una fuerte tormenta. Tales preocupaciones son normales y nos deberían movilizar a acciones responsables. Para algunas personas, la ansiedad es más intensa y prolongada. Luchan con una gran cantidad de preocupaciones y desgastan mucho tiempo y energía en hacerlo. La intensidad y la frecuencia de la preocupación siempre están en desproporción con el problema real.

Si la ansiedad persistente es un problema en tu vida, este ejercicio te ayudará a depositar todas tus ansiedades en Cristo porque él cuida de ti (1 Pedro 5:7).

Ora

La oración es el primer paso para depositar todas tus ansiedades en Cristo. Recuerda el consejo de Pablo: «No os inquietéis por nada; más bien, en toda ocasión, con oración y ruego, presentad vuestras peticiones a Dios y dadle gracias» (Filipenses 4:6). Pídele a Dios que te guíe mediante la siguiente oración:

Querido Padre celestial,

Vengo a ti como tu hijo, comprado por la sangre del Señor Jesucristo. Declaro mi dependencia de ti y reconozco mi necesidad de ti. Sé que apartado de Cristo no puedo hacer nada. Tú conoces mis pensamientos y las intenciones de mi corazón y conoces mi situación de principio a fin. Me siento dividido y necesito que tu Paz guarde mi corazón y mi mente. Me humillo delante de ti y decido confiar en que tú me exaltarás en el momento adecuado, de la manera que tú quieras. Pongo mi confianza en ti para llenar todas mis necesidades de acuerdo a tus riquezas en gloria, y para guiarme a toda verdad. Pido tu dirección divina para que yo pueda cumplir la misión de vivir responsablemente por fe en el poder de tu Espíritu Santo. «Escudríñame, oh Dios, y conoce mi corazón; pruébame y conoce mis inquietudes. Y ve si hay en mí camino malo, y guíame en el camino eterno». (Salmo 139: 23,24 LBLA). En el precioso nombre de Jesús. Amén.

Resuelve todo conflicto personal y espiritual

El propósito de *Los Pasos Hacia la Libertad en Cristo* es ayudarte a hacer las paces con Dios y eliminar cualquier influencia del diablo sobre tu mente. Recuerda, «El Espíritu dice claramente que, en los últimos tiempos, algunos abandonarán la fe para seguir inspiraciones engañosas y doctrinas diabólicas» (1 Timoteo 4:1). Serás una persona de doble ánimo si prestas atención al espíritu de mentira. Necesitas la presencia de Dios para tener «la paz de Dios que sobrepasa todo entendimiento, [que] cuidará vuestros corazones y vuestros pensamientos en Cristo Jesús» (Filipenses 4:7).

Identifica el problema

Un problema bien identificado está a medio camino de ser resuelto. Cuando nos encontramos en un estado de ansiedad, no somos capaces de ver el bosque por culpa de los árboles. Toma perspectiva del problema: ¿tiene importancia eterna? En general, el proceso de angustiarse desgasta a la persona más que las consecuencias negativas de aquello que le angustiaba. Mucha gente ansiosa encuentra gran alivio al simplemente clarificar el problema y ponerlo en perspectiva.

Separa los hechos de las suposiciones

Las personas pueden tener temor de los hechos, pero no estar ansiosos. La ansiedad nos viene cuando tenemos incertidumbre sobre lo que sucederá mañana. Ya que no sabemos, suponemos. Una característica peculiar de nuestra mente es su tendencia a suponer lo peor. Si la suposición se acepta como la verdad, empujará a la mente a los límites de la ansiedad. Si nos creamos suposiciones sobre el futuro, sufriremos las consecuencias negativas del estrés y la ansiedad. «La angustia abate el corazón del hombre» (Proverbios 12:25). Por lo tanto, verifica todas las suposiciones de la mejor manera posible.

Determina qué debes o puedes controlar

Únicamente eres responsable por aquello de lo que tienes el derecho y la habilidad de controlar. No eres responsable de aquello que no está bajo tu control. Tu sentido de valor solamente está ligado a aquello por lo cual eres responsable. Si no estás viviendo de manera responsable, ¡deberías sentirte ansioso! No intentes echar tu **responsabilidad** sobre Cristo. Él te la devolverá. Eso sí, entrégale tu **ansiedad**, porque su integridad está en juego para suplir tus necesidades si estás llevando una vida responsable y justa.

Enumera tus responsabilidades

Necesitas comprometerte a ser una persona responsable, a cumplir con tus obligaciones, y a responder a tu vocación en la vida.

Dios es responsable de lo demás

Ahora lo único que te queda por hacer es continuar en oración y enfocarte en la verdad de acuerdo a Filipenses 4:6-8. Cualquier remanente de ansiedad probablemente se deba a que has asumido una responsabilidad que Dios no te ha entregado.

SESIÓN 5: ¡HUMILDE!

BIENVENIDA

¿Quién es la persona más humilde que conoces?

ADORACIÓN

«Nosotros amamos porque él nos amó primero» - 1 Juan 4:19.

ORACIÓN Y DECLARACIÓN

Querido Padre lleno de amor y gracia, no puedo hacer nada de valor real sin ti. Me ofrezco a ti ahora como un sacrificio vivo. Por favor, guíame a toda verdad. Te lo pido en el humilde nombre de Jesucristo. Amén.

En Cristo ya no estoy bajo la ley sino bajo la gracia. Decido dejar atrás «la ley» y «las reglas» y el señorío que han tenido sobre mí. Declaro que Jesucristo es mi Señor y ordeno a sus enemigos que abandonen mi presencia.

PALABRA

Versículo central: «Ama al Señor tu Dios con todo tu corazón, con todo tu ser y con toda tu mente... Éste es el primero y el más importante de los mandamientos. El segundo se parece a éste: Ama a tu prójimo como a ti mismo. De estos dos mandamientos dependen toda la ley y los profetas». (Mateo 22:37-40)

Verdad clave: Cuando comprendemos nuestra increíble posición de seguridad en el amor de Dios, tenemos la libertad de humillarnos ante él y ante los demás, de modo que podamos trabajar juntos para alcanzar al mundo para Cristo.

¿Quién, yo? ¿Un fariseo?

Los fariseos eran en su origen un grupo de personas comunes y corrientes, comprometidas radicalmente con la verdad y con luchar contra el liberalismo.

Terminaron como unos hipócritas superficiales. Conocían la verdad, pero no tenían ni idea de lo que era la gracia.

El conocimiento envanece, mientras que el amor edifica (1 Corintios 8:1).

El orgullo es otra falsa motivación que impide que el amor nos impulse.

La mujer sorprendida en adulterio (Juan 8:3-11)

Los fariseos tenían una excelente comprensión intelectual de la verdad. Moisés, de hecho, había dicho que los adúlteros debían ser condenados a muerte (ver Levítico 20:10). Jesús les ayudó a darse cuenta de que ellos también habían pecado, al igual que la mujer. Ninguno de ellos había cumplido todos los requisitos de la ley.

Jesús — el único que nunca había pecado — tenía todo el derecho de apedrear a esta mujer hasta la muerte. Sin embargo, él no emitió ni una sola palabra condenatoria.

Las personas religiosas se preocupan por las reglas. A Dios le interesan las relaciones.

Las personas religiosas ponen las leyes por encima del amor. Dios hace del amor la meta suprema.

A las personas religiosas les preocupa ser correctas. A Dios le interesa más que seamos genuinos. Sólo entonces podremos ser rectos.

El objetivo principal de las personas religiosas es conocer la Palabra de Dios. Dios quiere que nuestro objetivo principal sea conocer al Dios de la Palabra.

¿Por qué nos dio la ley el Dios de la gracia?

La ley no se dio hasta cientos de años después del pacto original de Dios con Abraham, cuando Dios le hizo una serie de promesas:

«No temas, Abram. Yo soy tu escudo, y muy grande será tu recompensa». (Génesis 15:1).

«Mira hacia el cielo y cuenta las estrellas, a ver si puedes. ¡Así de numerosa será tu descendencia!» (Génesis 15:5)

Dios hizo promesas incondicionales — promesas de gracia.

«Abram creyó al Señor, y el Señor le reconoció a él como justo». (Génesis 15:6)

Abraham hizo sólo una cosa: escogió creer lo que Dios le prometía. Siempre ha sido igual. Accedemos a las promesas y bendiciones de la gracia de Dios por la fe, y sólo por la fe — no por nada que hagamos.

Al llegar la ley, ésta no anuló las promesas de gracia que Dios había hecho. No es que la idea original fuera la gracia y que al fracasar Dios tuviera que remplazarla por la ley.

La ley se dio «por causa de las transgresiones» (Gálatas 3:19, ver también Romanos 3:19-20). La ley nunca tuvo la intención de hacernos aceptos ante Dios mediante nuestro propio esfuerzo. Su propósito era hacernos conscientes de lo terrible que es el pecado y su control sobre nosotros, y que así entendiéramos nuestra necesidad de la gracia, nuestra necesidad de Cristo. ¡La ley era en realidad una fuente de gracia!

¿Cómo es que Jesús cumplió la ley?

Los fariseos se quejaron de que Jesús estaba suprimiendo la ley. Pero él dijo:

«No penséis que he venido a anular la ley o los profetas; no he venido a anularlos sino a darles cumplimiento. Os aseguro que mientras existan el cielo y la tierra, ni una letra ni una tilde de la ley desaparecerán hasta que todo se haya cumplido». (Mateo 5:17-18)

Él se convirtió en el sacrificio perfecto, y cumplió todas las demandas justas de la ley por nosotros

Jesús hizo posible que fuésemos hechos justos — completamente — gracias a su sacrificio perfecto, pagando de una vez por todas por nuestro pecado pasado, presente y futuro.

Él nos ayudó a entender el verdadero propósito de la ley

Jesús toma la ley, que ya parecía imposible de cumplir, y supera sus exigencias:

«Habéis oído que se dijo a vuestros antepasados: "No mates, y todo el que mate quedará sujeto al juicio del tribunal". Pero yo os digo que todo el que se enoje con su hermano quedará sujeto al juicio del tribunal». (Mateo 5:21-22a)

«Habéis oído que se dijo: "No cometas adulterio." Pero yo os digo que cualquiera que mira a una mujer y la codicia ya ha cometido adulterio con ella en el corazón». (Mateo 5:27-28)

Él nos mostró que somos completamente incapaces de llegar a la altura de los estándares de Dios en nuestras propias fuerzas.

Él hizo posible que la ley se escribiese en nuestros corazones

Cada vez que Jesús subía el nivel de exigencia, cambiaba el énfasis — de una ley centrada en la conducta externa, a principios que conciernen el interior.

Aunque en otro tiempo nuestros corazones eran «engañosos y no tenían remedio» (Jeremías 17:9). Ya no lo son.

«Éste es el pacto que haré con ellos después de aquel tiempo —dice el Señor—: Pondré mis leyes en su corazón, y las escribiré en su mente». (Hebreos 10:16)

Ahora que somos nuevas criaturas en Cristo, tenemos un nuevo corazón y una mente nueva. La ley de Dios ya no es un conjunto de palabras en una tabla de piedra o en un papel. Está escrita en nuestro interior.

PAUSA PARA LA REFLEXIÓN 1

¿De qué forma somos tentados los cristianos de hoy en día a creer que necesitamos obedecer ciertas leyes?

Jesús nos manda a «ser perfectos» (Mateo 5:48). ¿Cómo podemos obedecer este mandamiento?

No es tanto lo que hacemos, si no por qué lo hacemos

«Jesús llamó a la multitud y dijo: —Escuchad y entended. Lo que contamina a una persona no es lo que entra en la boca sino lo que sale de ella... Porque del corazón salen los malos pensamientos, los homicidios, los adulterios, la inmoralidad sexual, los robos, los falsos testimonios y las calumnias. Éstas son las cosas que contaminan a la persona, y no el comer sin lavarse las manos». (Mateo 15:10-11, 19-20)

Dios no se fija tanto en lo que **hacemos** sino en nuestros corazones, nuestra **motivación**.

Sin amor, da igual cuán buenas parezcan nuestras acciones o nuestras creencias, sólo producimos ruido — «como un metal que resuena o un platillo que hace ruido» (1 Corintios 13:1).

No es una carga pesada

«Ama al Señor tu Dios con todo tu corazón, con todo tu ser y con toda tu mente —le respondió Jesús—. Éste es el primero y el más importante de los mandamientos. El segundo se parece a éste: Ama a tu prójimo como a ti mismo. De estos dos mandamientos dependen toda la ley y los profetas». (Mateo 22:37-40)

La esencia de la ley que Dios había dado entraba en sólo dos tablas de piedra. Los fariseos seguían añadiendo a ello y desarrollaron una interminable lista de reglamentos y normas. Sus enseñanzas se reducían a deberes y prohibiciones.

Jesús lo redujo todo a esto:

«Así que en todo tratad a los demás tal y como queréis que ellos os traten a vosotros. De hecho, esto es la ley y los profetas». (Mateo 7:12)

El deseo de Dios no es añadir más leyes y reglamentos. El propósito de éstas siempre ha sido el amor a Dios y a los demás.

Una relación íntima con el Padre es tu mejor defensa para evitar caer en la trampa de los fariseos.

Amar a otros (Filipenses 2:1-11)

La importancia de la unidad

¿Alguna vez has experimentado el ánimo, el consuelo, el amor de Dios? Si es así, el resultado de ello, dice Pablo, debería ser que nos amemos los unos a otros, que estemos de acuerdo los unos con los otros. Justo antes de ir a la cruz, Jesús oró específicamente por aquellos que vendrían después de los discípulos originales — es decir tú y yo — y se enfocó en una sola cosa:

«No ruego sólo por éstos. Ruego también por los que han de creer en mí por el mensaje de ellos, para que todos sean uno. Padre, así como tú estás en mí y yo en ti, permite que ellos también estén en nosotros, para que el mundo crea que tú me has enviado». (Juan 17:20-21)

¿Cómo vamos a alcanzar a este mundo para Cristo? En la única oración en la que Jesús ora específicamente por ti, lo deja muy claro. Debemos amarnos unos a otros.

Humillarnos

Somos orgullosos cuando intentamos exaltarnos a nosotros mismos, cuando buscamos subir. La dirección es hacia **arriba**. ¿Dónde estás ahora, cuál es tu posición? Ya estás sentado con Cristo a la diestra del Padre. ¡No puedes subir más alto que eso! Cuando actuamos por orgullo demostramos que no sabemos quiénes somos.

La humildad tiene que ver con rebajarnos — la dirección es hacia **abajo**.

Lo que Dios nos pide es que nos rebajemos del mismo modo, con el mismo pensar, tomando la misma actitud que Jesús.

Humillarnos quiere decir que estaremos dispuestos a reconocer nuestras deficiencias en las relaciones con los demás.

Quiere decir que me humillaré frente a quienes Dios ha colocado en liderazgo. Les apoyaré, haciendo que sus metas se conviertan en las mías. Trabajaré armoniosamente con ellos y no haré su trabajo más difícil de lo que ya es (ver Hebreos 13:17).

Al rebajarnos más y más, al buscar posicionarnos por debajo de los demás, levantándoles, descubriremos que la gracia de Dios en nuestras vidas aumenta de manera sobrenatural.

«Humillaos delante del Señor, y él los exaltará». (Santiago 4:10)

PAUSA PARA LA REFLEXIÓN 2

A solas ante Dios, ora de la siguiente manera:

Querido Padre,

Confieso que he creído que mi forma de hacer las cosas y mis preferencias son mejores que las de otros. Te pido que me reveles cómo este pecado de orgullo me ha sido un problema, para que yo lo deje atrás. En el nombre de Jesús. Amén.

Apunta las áreas de tu vida en las que te das cuenta que has sido orgulloso. Considera, por ejemplo, tu actitud hacia:

- Miembros de la familia
- Líderes de la iglesia
- Cristianos de otras iglesias
- Compañeros de trabajo

Considera también si has sido orgulloso por:

- Tu comprensión de la doctrina cristiana
- Tus logros en la sociedad
- Tus logros para Dios

Por cada área que el Espíritu Santo te haya revelado, ora lo siguiente:

Señor Jesús.
Confieso que he sido orgulloso y renuncio hacia/por _____ (di lo que hiciste y por qué). Ahora escojo tener el mismo sentir que tú tienes. Me humillo a mí mismo ante ti y ante los demás. Declaro la verdad que dice que no soy mejor que ellos y escojo considerarles superiores a mi. Gracias porque ya no tengo que exaltarme a mí mismo porque soy tu hijo y confío en que tú me levantarás en tu tiempo.
En tu nombre. Amén.

Considerar a los demás como superiores a nosotros mismos

En la práctica, ¿cómo será humillarnos ante Dios y ante los demás para que el mundo conozca a Jesús?

Céntrate en lo esencial

Antes de nada, ¿quiénes son tus hermanos y hermanas en Cristo?

> «...si confiesas con tu boca que Jesús es el Señor, y crees en tu corazón que Dios le levantó de entre los muertos, serás salvo. Porque con el corazón se cree para ser justificado, pero con la boca se confiesa para ser salvo» (Romanos 10:9-10)

Reconozcamos que nadie tiene un conocimiento completo

La división se ha convertido en parte de nuestro ADN. Tenemos una desconfianza innata ante gente de otras partes de la Iglesia. En lugar de acercarnos con gracia, levantamos barreras de verdad que exigimos que salten.

La sana doctrina es importante, pero podemos llegar a sentir que somos salvos por una buena teología.

> «Dios se opone a los orgullosos, pero da gracia a los humildes». (Santiago 4:6)

Acércate con gracia y verdad

Juan 1:14 nos dice que Jesús vino «lleno de gracia y de verdad». Necesitamos las dos cosas. La pregunta es: ¿con cuál de ellas damos el primer paso? Para los fariseos, la verdad era lo más importante. Jesús siempre mantuvo un equilibrio entre la verdad y la gracia.

Si queremos que la Iglesia crezca y llegue a la gente de la sociedad, no pensemos tanto en el enemigo. Él está derrotado. La Iglesia es invencible si está bien con Dios:

> «Si mi pueblo, que lleva mi nombre, se humilla y ora, y me busca y abandona su mala conducta, yo le escucharé desde el cielo, perdonaré su pecado y restauraré su tierra». (2 Crónicas 7:14)

¿Debemos dar nuestro consentimiento a las cosas que suceden en ciertas partes de la Iglesia si claramente contradicen la verdad bíblica? No. Pero tampoco debemos condenarles.

Solamente el amor derribará las barreras. Si lo más importante para ti es la doctrina, aunque tengas la razón, te equivocas.

¿Cómo, entonces, podemos motivar a otros hacia la rectitud? Enséñales sobre la gracia. Mejor todavía, demuéstrales gracia — humíllate ante ellos. Acércate a ellos del mismo modo que Dios se acerca a ti: no con una serie de leyes sino con el sacrificio incondicional de su propio Hijo.

PAUSA PARA LA REFLEXIÓN 3

Cuando te encuentras con alguien que confiesa con su boca que Jesús es el Señor, y cree en su corazón que Dios le levantó de entre los muertos (ver Romanos 10:9-10), pero que tiene creencias distintas a las tuyas en otros asuntos, ¿cómo deberías acercarte a él? Si se esfuerza por convencerte de que su opinión es la correcta, ¿cuál debería ser tu actitud?

Si tu iglesia se humillase ante otros cristianos de tu área, ¿cómo sería? ¿Qué papel tomarías tú en ello?

Saquemos las mentiras a la luz

¿Has sentido la necesidad de compararte con otros para sentirte mejor? ¿Has sentido la necesidad de enfatizar la doctrina y la teología «correctas»?

No hagas caso a pensamientos tales como: «No necesito hacer esto. Esto es una pérdida de tiempo». Esas también son mentiras. ¡Puede que necesites apuntarlas como expresiones de orgullo!

TESTIMONIO

Pídele a Dios que te dé la oportunidad de mostrarle amor a alguien esta semana de una manera que sólo él pueda ver.

PARA LA PRÓXIMA SEMANA

Recita la *Declaración de Humildad y Unidad* (en la página siguiente) todos los días para comprometerte a responder a la oración de Jesús en Juan 17:20-23.

Declaración de Humildad y Unidad

Señor Jesús,

Me uno a ti en tu oración al Padre que dice que tus hijos sean uno — porque, como tú, quiero que el mundo crea que el Padre te envió. Tú has dicho en tu Palabra que, donde hay unidad, tú mandas bendición y vida y yo quiero ver el pleno cumplimiento de esa bendición.

Al igual que tú —el gran Rey de reyes— te humillaste tomando la condición de esclavo, hasta la humillación y agonía de la muerte en la cruz, renuncio a mis ridículas pretensiones de ser justo en mis propias fuerzas y me humillo ante ti. Tu reino y tú sois el centro, Señor, y no yo.

Escojo también humillarme delante de mis hermanos y hermanas en Cristo y acercarme a ellos no sólo con verdad, sino con gracia —del mismo modo que tú te acercas a mí. Escojo considerarles más importantes que yo y poner sus intereses por encima de los míos. Reconozco que sin amor sincero, todo lo que yo haga no es más que un metal que resuena o un címbalo que retiñe. Incluso si mi doctrina y tradición cristiana fuesen correctas al 100%, sin amor no valen nada en absoluto.

Señor, estoy deseoso de mantener la unidad del Espíritu en el vínculo de la paz. Por eso te pido que me llenes nuevamente de tu Espíritu Santo, y me dirijas en amor. Elijo ser una persona que busca la paz y no los errores de los demás. Escojo las relaciones por encima de las reglas. Elijo el amor por encima de la ley. Escojo ser real y auténtico por encima de ser correcto y tener la razón.

Muéstrame cómo puedo servir y bendecir de manera práctica a quienes tú has llamado a las diferentes partes de tu Iglesia.

Oro en el nombre Jesús, manso y humilde, a quien Dios exaltó hasta lo sumo y le dio el nombre que es sobre todo nombre.

Amén.

(Ver Salmo 133, Juan 1:14-17, Juan 17:20-23, 1 Corintios 13, Efesios 4:1-7, Filipenses 2:1-11)

SESIÓN 6: ¡FRUCTÍFERO!

BIENVENIDA

Si estuvieses escribiendo un libro sobre tu vida, ¿qué título le darías al próximo capítulo?

ALABANZA

El Reino de Dios. 1 Crónicas 29:10-13, Apocalipsis 19:6-9

ORACIÓN Y DECLARACIÓN

Padre nuestro, ¡venga tu reino! ¡Sea hecha tu voluntad! Me arrepiento por intentar llevar a cabo los propósitos de tu reino en mis propias fuerzas. Por favor, enséñame a depender del poder de tu vida en mí. Decido que mi meta más alta sea el conocerte a ti. Amén.

Soy una rama de la vid verdadera, Jesús, un portador de su Vida. Decido permanecer en él para poder dar mucho fruto.

PALABRA

Versículo central: Yo soy la vid y vosotros sois las ramas. El que permanece en mí, como yo en él, dará mucho fruto; separados de mí no podéis hacer nada. (Juan 15:5)si

Verdad clave: Si queremos dar mucho fruto, necesitamos centrarnos en nuestra cercanía a Jesús, no en ser fructíferos.

¿Cómo podemos dar fruto?

En esta sesión veremos que la clave para vivir dando mucho fruto es caminar en la gracia de Dios. Veremos también que, como casi todo lo que tiene que ver con la gracia, funciona exactamente al revés de lo esperado.

Nuestra responsabilidad es «permanecer en la vid»

¿Cómo, entonces, podemos dar fruto para Jesús? Hacia el final de su vida en la tierra, Jesús dio una de sus enseñanzas más importantes, la cual responde a nuestra pregunta:

«Yo soy la vid verdadera, y mi Padre es el labrador. Toda rama que en mí no da fruto, la corta; pero toda rama que da fruto la poda para que dé más fruto todavía. Vosotros ya estáis limpios por la palabra que os he comunicado. Permaneced en mí, y yo permaneceré en vosotros. Así como ninguna rama puede dar fruto por sí misma, sino que tiene que permanecer en la vid, así tampoco vosotros podéis dar fruto si no permanecéis en mí. Yo soy la vid y vosotros sois las ramas. El que permanece en mí, como yo en él, dará mucho fruto; separados de mí no podéis hacer nada». (Juan 15:1-5).

Dos leyes del viñedo

- Las ramas no dan fruto porque se esfuercen mucho. Nosotros tampoco.

- Las ramas que no están unidas a la vid no dan fruto y no lo podrán dar.

Los cristianos que se enfocan en dar fruto se sumergen en un sistema basado en la ley, y su forma de actuar y trabajar nace del temor y la ansiedad... con la consiguiente culpa y vergüenza si fracasan, u orgullo si creen tener éxito.

Pero los cristianos que se enfocan simplemente en permanecer en Jesús, entran en una vida de «descanso en la gracia» y, paradójicamente, dan mucho fruto.

Necesitamos pasar por una secuencia de etapas en nuestro entendimiento de quién es Jesús. Primero, lo conocemos como nuestro

Salvador. A continuación necesitamos rendirnos ante él como **Señor**. Pero no podemos quedarnos ahí. Necesitamos comprender que él es nuestra Vida (Colosenses 3:3).

Jesús nos dio el ejemplo: «Ciertamente os aseguro que el hijo no puede hacer nada por su propia cuenta, sino solamente lo que ve que su padre hace». (Juan 5:19)

A pesar de que él era Dios, Jesús dejó claro que él no vivía o ministraba desde su propia deidad. Estaba modelando la manera que Dios quiere que vivamos.

Descansa en él

Jesús nos hizo esta propuesta, especialmente a quienes se sienten abrumados por las exigencias y cansados de intentar cumplir con las expectativas:

> «Venid a mí todos los que estáis cansados y agobiados, y yo os daré descanso. Cargad con mi yugo y aprended de mí, pues yo soy apacible y humilde de corazón, y encontraréis descanso para vuestra alma. Porque mi yugo es fácil y mi carga es ligera». (Mateo 11:28-30)

Sin embargo, la imagen que Jesús da, de dos bueyes arando la tierra, suena más a trabajo arduo que a descanso. El descanso al que se refiere no significa acostarse y rascarse el ombligo. Es un descanso interno basado en la fe y en la dependencia de Dios. La dependencia que viene de caminar a su lado, unidos a él y apoyándonos en su fuerza.

Los principios del descanso

Descansa y luego trabaja

En el momento de la creación, Dios trabajó seis días y a continuación descansó el séptimo día. Adán fue creado en el sexto día, así que el primer día completo de la vida de Adán fue el séptimo, en el que Dios descansó. Todo estaba hecho. Todo lo necesario estaba a la mano. No había nada por lo cual preocuparse. Por lo que Adán descansó primero y luego Dios le puso a trabajar.

Y ese es el principio bajo el cual Dios quiere que trabajemos. Descansamos y después trabajamos. Su intención no es que trabajemos duramente y luego descansemos para recuperarnos. Es al revés. Del descanso surge el ministerio fructífero.

PAUSA PARA LA REFLEXIÓN 1

¿De qué maneras demostró Jesús su total dependencia del Padre durante su vida en la tierra?

¿Cómo cambiarían nuestras vidas si dependiésemos completamente de Dios?

No intentes controlar los sucesos o a las personas

El orgullo y el control dan a entender: «Soy yo quien lo lleva a cabo. Y lo haré a mi modo, en mi tiempo y en mis fuerzas». Ellos nos impiden descansar de verdad y experimentar la plenitud de la provisión y la bendición de Dios.

Quienes son conscientes de que apartados de Dios no pueden hacer nada, no necesitan intentar controlar los sucesos o a las personas. Descansan en la seguridad de que su Padre Dios se encargará de aquellos sucesos y personas que están fuera de su ámbito de control. Saben que es verdad que él dispone todas las cosas para su bien (Romanos 8:28).

La vida de reposo en la gracia

Calma y aquieta tu alma

«Señor, mi corazón no es orgulloso, ni son altivos mis ojos; no busco grandezas desmedidas, ni proezas que excedan a mis fuerzas. Todo lo contrario: he calmado y aquietado mis ansias. Soy como un niño recién amamantado en el regazo de su madre. ¡Mi alma es como un niño recién amamantado! Israel, pon tu esperanza en él desde ahora y para siempre». (Salmo 131)

Está hablando el rey David. El mismo que se enfrentó al gigante en un duelo que excedía sus fuerzas. ¿Qué quiere decir, entonces? No es que no haga proezas ni logre grandeza. Sólo que reconoce que si creería poder lograrlo en sus propias fuerzas, sería orgullo.

El dice que el antídoto para el orgullo es calmar y aquietar sus ansias.

Como David, necesitamos aprender a calmar y aquietar nuestras ansias; llegar al punto de completa dependencia de Dios. Cuando nos sintamos culpables, dejar nuestro pecado a los pies de la cruz y olvidarlos. Cuando nos sintamos avergonzados, reconocer que somos nuevas criaturas con un nuevo nombre. Cuando los impulsos carnales surjan, saber que sólo producen ataduras y que podemos optar por no ceder a ellos. Cuando amenace el temor, recordar que sólo Dios merece nuestro temor, y que él está a nuestro favor. Cuando nos tiente el orgullo, recordar que no podemos hacer absolutamente nada separados de él.

La puerta del quebranto

Dios nos cura de la autosuficiencia llevándonos al punto del quebranto, para enseñarnos nuestra absoluta dependencia de él, que aparte de él no podemos hacer nada de valor eterno.

Él trabaja en nosotros con cariño y cuidado. Pero, aún así, puede ser muy doloroso. Jesús lo llamó «podar». Hebreos 12 lo llama «disciplina».

> «Hijo mío, no tomes a la ligera la disciplina del Señor ni te desanimes cuando te reprenda, porque el Señor disciplina a los que ama, y azota a todo el que recibe como hijo... Ciertamente, ninguna disciplina, en el momento de recibirla, parece agradable, sino más bien penosa; sin embargo, después produce una cosecha de justicia y paz para quienes han sido entrenados por ella». (Hebreos 12:5-6, 11)

Azotar es lo que le hicieron a Jesús con el látigo antes de su crucifixión. Las fortalezas de autosuficiencia, independencia, autocomplacencia y egoísmo son fuertes y están muy arraigadas. Derrumbarlas requiere medidas fuertes.

Necesitamos aprender — no sólo en nuestra cabeza, sino en nuestro corazón — que apartados de Jesús no podemos hacer absolutamente nada de valor eterno. Necesitamos descubrir que Jesús es nuestra Vida.

Incluso Jesús tuvo que aprender obediencia mediante las dificultades (Hebreos 5:8). No hay atajos, pero cuando comprendemos que las situaciones difíciles nos ayudan a crecer y dar fruto, podemos aprender a acogerlas y sobrellevarlas aunque no las disfrutemos.

No solemos experimentar el poder de Dios en nuestras vidas hasta que llegamos al límite de nosotros mismos.

Cualquiera que sea el instrumento de demolición que Dios use en nuestras vidas — pérdida de reputación, malos entendidos, injusticia, problemas de salud, o dificultades económicas — estará hecho a la medida para tratar con el orgullo y el control en nuestra vida.

Pablo llegó al punto de poder regocijarse en sus dificultades porque sabía que le hacían bien (2 Corintios 12:7-10).

PAUSA PARA LA REFLEXIÓN 2

Si quieres, comparte con el grupo una ocasión en la que experimentaste quebranto. ¿Produjo después algún fruto en tu carácter o en tu vida?

Cómo te sientes sobre la posibilidad de que Dios traiga a tu vida momentos difíciles?

¿Cómo crees que Pablo podía regocijarse en «debilidades, insultos, privaciones, persecuciones y dificultades» (2 Corintios 12:10)? ¿Crees que lo dice en serio?

Volar como las águilas

Las águilas son pájaros enormes pero pueden volar hasta grandes alturas con un mínimo esfuerzo. Simplemente saltan de un lugar alto, encuentran aire caliente que sube y dan vueltas en él. Tienen un mecanismo que bloquea las alas en una posición para no gastar energía.

Aun los jóvenes se cansan, se fatigan, y los muchachos tropiezan y caen; pero los que confían en él renovarán sus fuerzas; volarán como las águilas: correrán y no se fatigarán, caminarán y no se cansarán. (Isaías 40:30-31

Descansar es esperar en Dios, buscar el aire caliente, por decirlo de alguna forma. La palabra hebrea traducida aquí como «confiar» da la idea de «juntar, reunir», así como se juntan y entrelazan los cordones de una cuerda para hacerla más fuerte. Cuando confiamos y esperamos en Dios, de cierto modo nos juntamos y entrelazamos con él.

¡No hay límite!

Sin Dios no podemos hacer nada, pero hay una verdad correspondiente que es maravillosa: «Todo lo puedo en Cristo que me fortalece». (Filipenses 4:13)

Hay obras que Dios ha preparado para ti desde antes de que nacieras (Efesios 2:10). Aún no las has descubierto todas. Da igual cuán grandes sean, es absolutamente posible lograrlas.

Pero a Dios le interesa mucho más cómo **eres** en tu interior que lo que **haces** en el exterior. Él se fija en el corazón. El fruto del Espíritu no es el ministerio hacia fuera. Es amor, alegría, paz, paciencia, amabilidad, bondad, fidelidad, humildad y dominio propio. Todos estos son aspectos del carácter de una persona. Cuando desarrollamos esos aspectos de **carácter**, rebosarán en las cosas que hacemos hacia fuera.

PAUSA PARA LA REFLEXIÓN 3

Al llegar al final del curso, comparte con el grupo lo que has aprendido sobre la gracia de Dios y qué impacto ha tenido en ti.

Dietrich Bonhoeffer creó el término «gracia barata» para describir a alguien que quiere disfrutar de todos los beneficios del reino de Dios sin pagar el precio del discipulado de corazón, que implica cargar nuestra cruz y seguir a Cristo. Esperamos que te hayas dado cuenta de que vivir en la gracia no lleva a la pereza ni a ser permisivos con el pecado. La verdadera gracia no es tímida ni tibia ni permisiva ni indiferente. La verdadera gracia es sólida, poderosa, liberadora y fortificante.

Jesús pagó un precio altísimo para que tu **culpa** genuina fuese saldada completamente, para que quedases completamente libre de culpa. Por su gracia el veredicto sobre ti es: ¡No culpable!

Jesús se hizo pecado por ti y a cambio tú te convertiste en justicia de Dios. Eres completamente santo. De hecho, eres una nueva creación y has recibido un nombre nuevo. ¡La **vergüenza** ha desaparecido!

Ya no necesitas tener **temores** malsanos. Por su gracia, estás a salvo y seguro en las manos del Omnipotente Dios y él te ama.

En cualquier momento puedes acercarte y abandonarte a su misericordia. Es bueno recordar que tú no puedes hacer nada en tu propias fuerzas, pero que nada es imposible para él.

Aquí estás, un hijo o una hija del Dios viviente, vestido con tu túnica lujosa, con tus sandalias, con el anillo de autoridad en tu dedo. Tú le preguntas: «Dios, ¿qué quieres que haga por ti?». Y él te responde: «Hay cosas que puedes hacer. Pero lo que realmente quiero es **tu corazón**».

Las últimas palabras que Dios nos dirige en su Palabra son las palabras de despedida de este Curso de la Gracia: «Que la gracia del Señor Jesús sea con todos. Amén». (Apocalipsis 22:21)

¡Amén!

TESTIMONIO

Para muchos, el obstáculo para hacerse cristianos es creer que nunca podrían dar la talla frente a las expectativas de Dios. ¿Qué les dirías tú?

PARA LAS PRÓXIMAS SEMANAS

Muchos hemos vuelto de un curso o una conferencia cristiana sintiendo que iba a cambiar nuestras vidas, pero poco tiempo después nos hemos dado cuenta de que en realidad poco o nada ha cambiado. Si quieres ser transformado por la verdad que has escuchado en este curso, sólo hay un modo de hacerlo — mediante la renovación de tu mente (Romanos 12:2). Por lo tanto, en las próximas semanas, repasa tu *Lista de Mentiras*. Toma tiempo para encontrar las verdades correspondientes. Desarrolla un «Demoledor de Fortalezas» por cada área clave donde tu mente no se alinea con la verdad de Dios. Trabaja en ellos, uno a uno, y persevera en ellos durante 40 días.

Los Pasos para experimentar la Gracia de Dios

Gran parte de *Los Pasos hacia experimentar la Gracia de Dios* **se ha adaptado de BREAKING THE BONDAGE OF LEGALISM Copyright © 2003 por Neil T. Anderson, Rich Miller y Paul Travis, Harvest House Publishers, Eugene, Oregon 97402, EEUU.**

Introducción

En la historia de los dos hijos en Lucas 15, ambos hermanos se habían distanciado de su padre; sin embargo el deseo de su padre era que ambos tuvieran una relación profunda y cercana de amor con él y experimentaran la abundancia de su herencia como hijos. Él invitó a ambos a regresar a casa pero solamente el menor aceptó la invitación y experimentó la gracia de su padre.

Sin importar dónde te encuentres hoy, Dios el Padre te extiende la misma invitación de regresar a «casa». *Los Pasos para experimentar la Gracia de Dios* pueden servirte para afirmar tu amor por él y permitirle revelarte áreas de tu vida que necesitan atención. Pero si te sientes distante de Dios, si tu caminar cristiano se ha vuelto una carga pesada y sin vida, o si has perdido toda esperanza de ser libre de pecado o temor, estos pasos pueden ayudarte a apropiarte de quién eres y de lo que tienes en Cristo para vivir en la gracia de Dios, donde encontrarás «descanso para tu alma» — ¡una nueva manera de vivir!

- Ama a Dios y a los demás porque sabes que eres amado por él y por ninguna otra razón.

- Experimenta una victoria diaria como consecuencia del poder del Espíritu en ti, en lugar de otro poder o esfuerzo que ejerzas tú.

- Produce fruto abundante, lo cual trae mucha gloria a Dios, al mantenerte en una relación dependiente de descanso en él.

Cuando comenzamos a ver nuestras vidas desde su perspectiva, puede ser doloroso darnos cuenta de lo mucho que nos hemos alejado de Dios el Padre. En nuestro intento por regresar a ese lugar de gracia, Dios no quiere que nos esforcemos aún más para agradarle. Todo lo contrario, porque fue justamente ese esfuerzo el que mantuvo al hijo mayor alejado del padre.

El camino de vuelta al Padre comienza con cambiar nuestro parecer (lo que la Biblia llama «arrepentimiento»), y comprometernos a creer la verdad (revelada en su Palabra, la Biblia) de quién es él, de quiénes somos ahora en Cristo, y de las circunstancias en nuestras vidas.

En este proceso tranquilo y respetuoso, te animamos a invitar al Espíritu Santo a revelar no sólo acciones, sino también actitudes (incluyendo creencias erradas) que te han impedido vivir día a día en la realidad de su gracia y dar mucho fruto que permanezca. Recuerda que Dios ve dentro de ti, ve tu corazón. Nuestro esfuerzo por ganar la aceptación de Dios y de los demás por nuestras propias fuerzas puede verse muy espiritual desde fuera, pero se basa en creencias que tergiversan quién es Dios y quiénes somos nosotros. Puede que tus acciones no muestren algo obvio que requiera corrección (a diferencia del hijo menor), porque tu comportamiento externo puede asemejarse al de una persona que vive bajo la gracia. Pero por dentro la diferencia es abismal. ¡Gracias a Dios que en Cristo recibimos un nuevo corazón!

Vamos a depender completamente de su habilidad para guiarnos a toda verdad y así poder tomar nuestra herencia como hijos preciosos de Dios, y usar la libertad que nos da para ofrecerle toda nuestra vida en amor y gratitud, creyendo que él «puede hacer muchísimo más que todo lo que podamos imaginarnos o pedir, por el poder que obra eficazmente en nosotros» (Efesios 3:20). Por lo tanto, para comenzar, repetiremos en voz alta la oración y declaración que hay a continuación:

Oración inicial
Querido Padre celestial,

Te doy las gracias por amarme y porque tu Hijo murió y resucitó para que yo pudiera tener una relación cercana contigo. He malgastado gran parte de mi vida intentando ganar tu aceptación, cuando ya la tengo. He basado más mi relación contigo en el conocimiento intelectual que en la experiencia de corazón, en las leyes más que en el amor.

Tu Palabra dice que «Cristo nos libertó para que vivamos en libertad», y ¡yo quiero obtener esa libertad! Son muchas las maneras en las que no me he mantenido firme en tu nuevo pacto de gracia, más bien he permitido que el yugo de esclavitud me agobiara y desgastara. Sálvame de todas las ataduras en mi vida, y trae a mi mente todas las actitudes y acciones que han impedido que yo reciba y comparta tu amor. Libérame con tu verdad para amarte, adorarte, conocerte, obedecerte y servirte. Y para servir a los demás con el amor y la aceptación que tú me has extendido por medio de Cristo. En el nombre de Jesús. Amén.

Declaración inicial

En el nombre y la autoridad del Señor Jesucristo, que tiene toda autoridad en el cielo y en la tierra, me planto contra todos sus enemigos que quieran obstaculizar mi búsqueda de libertad.

Desecho todo miedo, ansiedad, duda, confusión, engaño, distracción o cualquier otra forma de interferencia que venga de los enemigos del Señor Jesucristo. Tomo mi lugar en Cristo, y declaro que todos sus enemigos han sido desarmados, y que Jesús

vino para destruir las obras del diablo en mi vida. Declaro que Cristo ha roto mis cadenas de esclavitud y que yo estoy en él. Por lo tanto, su victoria es mi victoria.

Paso 1: Renunciar a la mentira y escoger la verdad

A medida que has avanzado por el *Curso de la Gracia*, te hemos animado a apuntar en tu *Lista de Mentiras* las áreas en las que tu forma de pensar ha sido errónea. En este primer paso, puede que Dios te revele más creencias erróneas. Para obtener tu libertad es importante que renuncies a todas las mentiras que han surgido a lo largo del curso, y en su lugar, declares y creas lo que es verdad según la Palabra de Dios.

Comienza por la siguiente oración:

Querido Padre celestial,

Tu Palabra es verdad y Jesús mismo es la verdad. El Espíritu Santo es el Espíritu de verdad y es conocer la verdad lo que me hará libre. Quiero saber la verdad, creer en la verdad y vivir de acuerdo con la verdad. Revélame todas las mentiras que me han mantenido en esclavitud. Quiero renunciar a esas mentiras y caminar en la verdad de tu gracia y tu aceptación de mí en Cristo. En el nombre de Jesús. Amén.

Afirmaciones sobre la verdad:

¡Ahora declara en voz alta estas maravillosas afirmaciones sobre la verdad! A continuación toma un tiempo para volver a leerlas lentamente y marca aquellas que te cuesta creer de corazón. Puedes añadir a tu *Lista de Mentiras* las que hayas marcado para trabajar en ellas más adelante (apúntalas en la columna de la Verdad y luego buscas la mentira).

Proclamo con gozo la verdad que dice que Dios el Padre me ama profundamente:

- ❑ El Padre me ama tanto como ama a Jesús. (Juan 17:23)
- ❑ El Padre me acepta en Cristo, tal como soy. (Efesios 1:6)
- ❑ El Padre ha derramado su gracia sobre mí. (Efesios 1:7-8)
- ❑ El Padre me compró con la sangre de su Hijo. (1 Corintios 6:20)
- ❑ El Padre ha derramado su amor en mí. (1 Juan 3:1)
- ❑ Soy hechura de mi Padre, su «poema». (Efesios 2:10)
- ❑ Yo soy la niña de los ojos de mi padre. (Zacarías 2:8)

Proclamo con gozo la verdad que dice que estoy a salvo y seguro en Cristo:

❑ Estoy unido a Jesús como una rama a la vid. (Juan 15:5)

❑ Estoy protegido en la mano de Jesús y del Padre. (Juan 10:27-30)

❑ Soy la justicia de Dios en Cristo, por lo tanto, en él ¡doy la talla! (2 Corintios 5:21)

❑ Cristo me acepta, para la gloria de Dios. (Romanos 15:7)

❑ He muerto con Cristo a la esclavitud del pecado y he resucitado a una nueva vida. (Romanos 6:3-4)

❑ He muerto a la ley mediante el cuerpo de Cristo. (Romanos 7:4)

❑ Cristo nunca me dejará ni me abandonará. (Hebreos 13:5)

Proclamo con gozo la verdad que dice que el Espíritu Santo vive en mí y que es mi fortaleza:

❑ Soy templo del Espíritu Santo que me fue dado por mi Padre. (1 Corintios 6:19)

❑ He sido sellado por el Espíritu que me fue dado como muestra de mi herencia en Cristo. (Efesios 1:13)

❑ El Espíritu de adopción me guía y ya no soy esclavo del temor; Él me permite clamar: «¡Abba, Padre!» (Romanos 8:14-15)

❑ Fui bautizado por el Espíritu Santo, y soy un miembro del cuerpo de Cristo. (1 Corintios 12:13)

❑ El Espíritu Santo me ha dado dones espirituales. (1 Corintios 12:7, 11)

❑ Puedo caminar por el Espíritu Santo en lugar de ceder a los deseos de mi carne. (Gálatas 5:16-18, 25)

Las mentiras en las que vas a trabajar son principalmente aquellas que ya han salido a la luz. También te puede ayudar la siguiente tabla, en la cual ofrecemos una *lista de mentiras* comunes junto con las posibles razones por las que la gente las cree (aunque puede haber otras), así como algunos de los posibles resultados en la vida de una persona. Para descubrir una mentira, a veces es útil trabajar hacia atrás, es decir, mirar primero la columna «Resultado», a ver si reconoces algún síntoma de creer una mentira en particular. Si reconoces alguna que te afecta, márcala y añádela a tu *Lista de Mentiras*.

MENTIRA	POSIBLE RAZÓN	RESULTADO
No puedo hacer nada bien, y aunque me esfuerce no doy la talla	Críticas y menosprecios continuos. Una familia exageradamente estricta.	Inestabilidad, indecisión, espíritu crítico, competitividad malsana.
No puedo hacer nada bien, y aunque me esfuerce no doy la talla	Críticas y menosprecios continuos. Una familia exageradamente estricta.	Inestabilidad, indecisión, espíritu crítico, competitividad malsana.
Debo alcanzar ciertos estándares para ser una persona valiosa e importante.	Vivir bajo un sistema de aceptación basado en el esfuerzo y trabajo.	Perfeccionismo, motivación obsesiva, ansiedad, inseguridad, control, manipulación de gente y circunstancias.
Soy despreciable, insignificante, feo, no deseado.	Haber recibido poco o ningún afecto, falta de caricias sanas.	Aislamiento o usar el cuerpo para obtener atención o afecto.
Soy malo, despreciable, culpable, estoy contaminado, no merezco una relación con Dios ni con otras personas.	Abuso físico, verbal, emocional o sexual.	Sentimientos de culpa y vergüenza, esconderse y encubrirse o vivir conforme a esa mentira (promiscuidad sexual, adicciones, etc.).
No tengo valor, no soy amado, me han abandonado y marginado, soy rechazado.	Haber sido rechazado e ignorado. Abandono emocional.	Esforzarse por agradar, darse por vencido, portarse mal para llamar la atención, ira, rabia, amargura, depresión.
Soy incompetente, débil, inadecuado, no soy de fiar. «No puedo».	Fracasos del pasado. Sobreprotección o asfixia emocional.	Perfeccionismo, temor, sentirse inepto, incompetente.
Soy _____ (lo que me llaman o lo que me llamo a mí mismo)	Haber recibido insultos, maldiciones.	Autodesprecio, sentimientos de inferioridad, atacar a los demás.
Soy (somos) mejor (es) que otros.	Oír repetidamente que se critica y denigra a otros (los que no son como «nosotros»).	Prepotencia, arrogancia, desprecio hacia otros, apartarme de otros, auto-justificación.

Lista de Mentiras

Ahora pasa a tu *Lista de Mentiras* al final de esta guía. Toma un tiempo para llenar la columna de «Verdad» si no lo has hecho ya.

A continuación hay una oración para renunciar a las mentiras que has creído acerca de ti mismo y las falsas identidades que dificultan tu relación con Dios y con los demás. En el lugar apropiado en la oración, incluye cada mentira que hayas apuntado en tu *Lista de Mentiras*.

Toma el tiempo que necesites y ora de corazón. Puede ser muy emotivo darte cuenta de cómo estas mentiras han controlado tu vida. No sientas que tienes que mantener la calma absoluta durante este tiempo. Permite que las emociones y los sentimientos afloren, expresándolos y entregándolos al Señor en oración. ¡El Señor es un refugio para ti!

Querido Padre celestial,

Gracias por mostrarme las mentiras que he creído acerca de mí mismo y de mi vida. Puedo ver lo perjudicial que han sido para mí y los efectos negativos que han tenido en mi comportamiento.

Renuncio a la mentira que dice que _____ (la mentira o mentiras que has creído). Proclamo la verdad que dice que _____ (la verdad de la Biblia).

Confieso que he creído todas estas cosas que son contrarias a tu verdad; renuncio específicamente a todas las formas en las que estas mentiras me han llevado a vivir con culpa, vergüenza, miedo y orgullo.

Te doy gracias por tu perdón total y por la limpieza de acuerdo a 1 Juan 1:9, que dice que si confesamos nuestros pecados, tú eres fiel y justo para perdonarlos y limpiarnos de toda maldad. Ahora decido acercarme a ti, Padre mío, no como un esclavo intentando ganar tu aceptación, sino confiado que en me amas y aceptas como tu hijo precioso.

En el nombre de Jesús. Amén.

Paso 2: Las falsas expectativas

El hermano mayor creía erróneamente que debía ganarse cualquier cosa que provenía del padre, pero la verdad era que todo ese tiempo podía haber disfrutado de todo lo que el padre tenía. Vamos a pedirle a Dios que nos revele todas las falsas expectativas y estándares que hemos creído que necesitábamos llenar para sentirnos bien con nosotros mismos, para dar la talla, o para ser aceptados. Oremos:

Padre amoroso,

Te agradezco que en Cristo todas tus expectativas sobre mí se han cumplido en su totalidad (Romanos 8:4), que tú has perdonado todas mis faltas y has anulado mi deuda clavándola en la cruz (Colosenses 2:13 -14). Confieso que he creído la mentira que dice que necesito algo más que a Cristo para obtener o mantener tu aceptación y la de otros. Te ruego que me reveles todas las expectativas, estándares y exigencias que he asumido, mediante las cuales he intentado lograr aceptación y sentirme menos culpable, para que yo pueda regresar a una fe sencilla, a confiar sólo en la obra de Cristo a mi favor.

Te lo pido en el nombre de Jesucristo, quien murió por mí. Amén.

Ahora pasa un tiempo a solas con Dios considerando las siguientes áreas y apunta las expectativas específicas que has sentido:

❑   Expectativas que erróneamente creíste que provenían de Dios

❑   Expectativas de padres y familia

❑   Expectativas de maestros

❑   Expectativas de iglesias y líderes de iglesias

❑   Expectativas de jefes/patrones

❑   Otras falsas expectativas _____

Ahora, por cada falsa expectativa que hayas apuntado, repite la oración:

Renuncio a la mentira que dice que tengo que cumplir con las expectativas de _____ para sentirme bien, valorado, o aceptado. Gracias, Señor Jesús, porque en ti cumplo con todas las expectativas de Dios y gracias porque no puedo hacer nada para que me ames más o menos. Amén.

Puede que quieras apuntar las falsas expectativas en un papel aparte para luego romperlo, como símbolo de que a partir de ahora escoges confiar solamente en Jesús para estar bien con Dios. A continuación, ¡avanza en libertad y confianza!

La verdad sobre nuestro Padre Dios

Una visión equivocada del carácter de Dios y de sus expectativas acerca de nosotros obstaculizará el desarrollo de una relación íntima y cercana con él. La siguiente parte de este paso está diseñada para darte la oportunidad de renunciar en voz alta a las mentiras que has creído sobre Dios, y para afirmar la verdad sobre su carácter. Damos las referencias bíblicas para que las busques y leas en casa. Te animamos a hacerlo, especialmente aquellas verdades que te cueste aceptar hoy. Meditar sobre la verdad de quién es Dios puede ser uno de los aspectos más importantes para tu libertad y sanidad en Cristo.

Renuncio a la mentira que dice que mi Padre Dios...	Acepto con gozo la verdad que dice que mi Padre Dios...
es distante e indiferente hacia mí.	se involucra íntimamente en mi vida [Salmo 139:1-18].
es insensible, no se preocupa por mí.	es amable y compasivo [Salmo 103:8-14].
es severo y exigente.	me acepta con gozo y amor [Sofonías 3:17; Romanos 15:7].
es frío y pasivo.	es cariñoso y afectuoso [Isaías 40:11; Oseas 11:3,4].
está ausente o demasiado ocupado para mí.	está siempre conmigo y se interesa por mí [Jeremías 31:20; Ezequiel 34:11-16; Hebreos 13:5]
es impaciente, está enfadado, nunca está satisfecho con lo que hago.	es paciente y tardo para la ira, se deleita con los que esperan en su amor constante [Éxodo 34:6; 2 Pedro 3:9; Salmo 147:11].
es cruel y abusivo.	es cariñoso, amable y protector [Jeremías 31:3; Isaías 42:3; Salmo 18:2].
es un aguafiestas — que no me permite disfrutar de la vida.	es digno de confianza y quiere darme una vida plena. Su voluntad es buena, perfecta y aceptable para mí [Lamentaciones 3:22-23; Juan 10:10; Romanos 12:1,2].
me quiere controlar o manipular.	está lleno de gracia y misericordia. Me da libertad incluso para fallarle [Lucas 15:11-16, 22-24; Hebreos 4:15,16].
me condena, no quiere perdonarme.	es compasivo y perdonador. Su corazón y sus brazos están siempre abiertos [Salmo 130:1-4; Lucas 15:17-24].
exige la perfección en todos los detalles.	se preocupa por mi desarrollo. Está orgulloso de mí. Me trata como a un hijo en crecimiento [Romanos 8:28,29; Hebreos 12:5-11; 2 Corintios 7:14].

¡Soy la niña de sus ojos!

Ahora revisa la lista y marca cualquier verdad que te resulte difícil de creer. Te animamos a buscar los versículos correspondientes en la Biblia y a procesar estas verdades más profundamente utilizando la oración que viene a continuación. Tal vez quieras utilizar la oración cada día hasta que asimiles las verdades en tu corazón.

Querido Padre Celestial,

Confieso y me arrepiento de haber creído la(s) mentira(s) de que eres _____ (indica la mentira específica que has creído). Gracias por tu perdón, lleno de gracia y misericordia. Decido creer la(s) verdad(es) que dice que eres _____ (enumerar las verdades correspondientes). A la luz de esas verdades, cambia la manera en que yo adoro, oro, vivo y sirvo. Ahora dame el poder de hacerlo por la plenitud de tu Espíritu Santo. En el nombre de Jesús. Amén.

Paso 3: Confesar el pecado

Cuando creemos mentiras sobre nosotros mismos, sobre Dios o sobre los demás, es inevitable que cometamos pecado. El pecado es «errar en el blanco» o quedarse corto de la gloria de Dios en nuestras vidas (Romanos 3:23). Aunque la paga del pecado es muerte, el regalo de Dios «es vida eterna en Cristo Jesús, nuestro Señor» (Romanos 6:23). Para los creyentes, no hay ahora **ninguna** condenación (Romanos 8:1). Cuando confesamos nuestros pecados (estamos de acuerdo con Dios sobre ellos), experimentamos su perdón y limpieza (1 Juan 1:9).

A continuación clasificamos algunas áreas que afectan de manera especial a quienes les cuesta vivir en la gracia de Dios. Después de la oración inicial y de las listas de pecados, hay una oración de confesión para orar en voz alta y de corazón. Para comenzar este paso, pídele al Señor que te revele todos los pecados que debes confesar mediante esta oración:

Querido Padre Celestial,

Tú mandas en tu Palabra que me revista de Jesucristo y que no provea para los deseos de mi naturaleza pecadora (Romanos 13:14). Confieso que a menudo he cedido ante los malos deseos que están en conflicto con mi alma. Te agradezco que en Cristo hayas perdonado mis pecados. Reconozco que he violado tu santa ley y he permitido que el pecado libre una guerra en mi cuerpo.

Ahora vengo a ti para confesar y renunciar a estos pecados de mi naturaleza

pecadora, para así ser limpio y libre de la esclavitud del pecado. Te ruego que me reveles todos los pecados que he cometido, y las maneras en que he entristecido al Espíritu Santo. En el nombre de Jesús. Amén.

Áreas a considerar:

Logros y desempeño:

- ❏ Intentar cumplir los mandamientos de Dios para ganar su aceptación o favor
- ❏ Intentar cumplir los mandamientos de Dios en mis propias fuerzas
- ❏ Intentar estar a la altura de los estándares de los demás para ser aceptado
- ❏ Tener la compulsión de trabajar cada vez más para obtener éxito
- ❏ Creer que el éxito es el modo de adquirir la felicidad personal, el valor y la importancia
- ❏ Centrarme en cumplir leyes y normas en lugar de en conocer a Dios

Perfeccionismo:

- ❏ Vivir con temor al fracaso
- ❏ Tener miedo de ir al infierno por no haber cumplido las leyes de Dios a la perfección
- ❏ Ser incapaz de aceptar la gracia de Dios por creer que necesito un «castigo» (a pesar de que Jesús pagó por la totalidad de todos mis pecados en la cruz)
- ❏ Tener la obsesión de hacer todo a la perfección y mantener todo en perfecto orden
- ❏ Preocuparme excesivamente por detalles sin importancia o leves defectos de otros
- ❏ Esperar la perfección de los demás
- ❏ Enfadarme con los demás cuando alteran mi mundo ordenado y nítido.
- ❏ Castigar a los demás cuando no son perfectos
- ❏ Ser incapaz de experimentar alegría y satisfacción en la vida a menos que yo logre la perfección.

Orgullo y prejuicio:

- ❏ Pensar que soy más espiritual, entregado, humilde o piadoso que otros
- ❏ Pensar que mi iglesia, denominación o grupo es mejor que otros
- ❏ No estar dispuesto a asociarme con otros que son diferentes (tener un espíritu independiente)

- ❑ Elevar mis opiniones religiosas al nivel de convicciones inflexibles
- ❑ No estar dispuesto a suavizar mis opiniones religiosas para promover el amor, la paz y la unidad entre hermanos y hermanas en Cristo
- ❑ Tener dificultad para admitir que no tengo la razón (pensar que siempre tengo la razón) o sentir la necesidad de demostrar que tengo la razón

Espíritu crítico:

- ❑ Tener un espíritu crítico hacia los estilos de adoración, música, sermones, cómo viste la gente, etc; criticar y juzgar con facilidad
- ❑ Juzgar a otros (criticar sus motivaciones y su carácter)
- ❑ Criticar a pastores y líderes cristianos
- ❑ Intolerancia hacia personas con diferentes puntos de vista y convicciones
- ❑ Etiquetar a los demás, colocarlos en categorías religiosas, descalificarlos

Rigidez excesiva:

- ❑ Rigidez en las creencias sobre las cuales hay desacuerdo entre cristianos sinceros
- ❑ Aferrarse a tradiciones de iglesia que no son bíblicas ni indispensables para alcanzar a la generación de hoy con el evangelio
- ❑ Ser terco y resistirse a cualquier cosa nueva en la iglesia
- ❑ No estar dispuesto a escuchar ideas nuevas

Poder y dominio:

- ❑ Usar la culpa y la vergüenza como tácticas para conseguir que los demás hagan lo que yo quiero o creo que es lo mejor
- ❑ Esperar o exigir que otros asistan a cada reunión, culto, estudio... de la iglesia
- ❑ Controlar a otros mediante una personalidad fuerte, persuasión insistente, temor o amenaza
- ❑ Experimentar ansiedad cuando no soy capaz de tener el control
- ❑ Buscar seguridad en leyes, reglamentos y normas, en lugar de en el Señor.
- ❑ Preocuparme más por controlar y dominar a los demás que por desarrollar el dominio propio
- ❑ Esforzarme por lograr posiciones de poder con el fin de tener el control y poder cumplir mis propósitos (por muy buenos que sean)

❑ Sentirme excesivamente responsable por la vida y el bienestar de otros

Vivir sin placer:

❑ Vivir una vida de deber y obligación, sin gozo
❑ Sentirme culpable por experimentar placer o buscarlo pero a escondidas
❑ Ser incapaz de relajarme y descansar
❑ Sufrir de adicción al trabajo o a la actividad
❑ Tener una atracción fuerte hacia (o ceder a) sustancias ilegales, el sexo ilícito, la pornografía, etc. con el fin de escapar o encontrar alguna satisfacción

A medida que el Espíritu Santo te revele estos (y otros) pecados de la carne, confiésalos y renuncia a ellos en voz alta y desde el corazón orando:

Querido Padre Celestial,

Confieso que he pecado al _____ (menciona cada pecado). Acepto que estas actitudes y acciones no corresponden a un hijo tuyo, por lo tanto, renuncio a todos ellos. Agradezco tu perdón y ahora me comprometo a buscar a diario la llenura del Espíritu Santo para poder parecerme más a Cristo. Perfecciona en mí el fruto del Espíritu, que es «el amor, la alegría, la paz, la paciencia, la amabilidad, la bondad, la fidelidad, la humildad y el dominio propio».
En el santo nombre de Jesús. Amén.

(Ver Gálatas 5:22-23)

El orgullo

Al considerar los pecados de la carne, puede que te hayas dado cuenta de que a veces has sido orgulloso. Recuerda que Dios resiste a los soberbios y que la humildad es la clave para la unidad y para cumplir la oración de Jesús en Juan 17 de que seamos uno. Aprovecha esta oportunidad para considerar cómo el orgullo ha sido un problema en tu vida orando:

Amado Señor,

Confieso que he creído que mi manera de hacer las cosas y mis preferencias son

mejores que las de otras personas. Te pido que me reveles todas las maneras en las que este pecado de orgullo ha sido un problema en mi vida, para que yo pueda abandonarlo.

En el nombre de Jesús. Amén.

Apunta las áreas de tu vida en las que ahora te das cuenta que has sido orgulloso. Considera, por ejemplo, tu actitud hacia:

- ☐ Los miembros de tu familia
- ☐ Los líderes de la Iglesia
- ☐ Los cristianos de otras partes de la Iglesia
- ☐ Los compañeros de trabajo

Considera también si has sido orgulloso en cuanto a:

- ☐ Tu comprensión de la doctrina cristiana
- ☐ Tu éxito en el mundo
- ☐ Las cosas que has hecho para Dios

Por cada área que el Espíritu Santo haya traído a tu mente, repite esta oración:

Señor Jesús,

Confieso que he sido orgulloso hacia/en cuanto a _____ (di lo que hiciste y a quién). Renuncio a ello y decido tener la misma actitud que tú tuviste. Me humillo ante ti y ante los demás. Declaro la verdad que dice que de ninguna manera soy mejor que ellos y decido a partir de ahora considerarles como más importantes que yo. Gracias porque ya no tengo que levantarme a mí mismo, ya que sé que soy tu hijo, sino que puedo confiar en que tú me levantarás a su debido tiempo. En tu nombre. Amén.

Recibe tu nuevo nombre

Cuando estamos atrapados en pecado, nos vemos a nosotros mismos de manera muy distinta a como somos realmente en Cristo. Los nombres y las etiquetas que hemos adquirido nos afectan profundamente y siguen moldeando nuestra comprensión de quién somos, incluso después de habernos convertido en hijos de Dios. Permite que el Espíritu Santo te revele tu nueva identidad en Cristo y que grabe tu nuevo nombre en lo profundo de tu corazón, para que por fe recibas la verdad y te conviertas (externamente) en la persona que Dios ya te ha hecho en tu interior.

Una vez que hayas leído la oración inicial, toma un tiempo para leer y declarar la verdad de Dios en voz alta, con la expectativa de que él te revele un nuevo nombre que él te quiere dar.

Padre amoroso,

Confieso que no siempre he permitido que la verdad de tu Palabra sea el fundamento para mi concepto de mí mismo. Sin embargo, hoy decido creer que lo que dices de mí es cierto en Cristo, independientemente de mis sentimientos y experiencias pasadas. Gracias por transformarme mediante la obra de Jesús en la cruz, y por hacerme digno de disfrutar de una relación profunda contigo y con los demás.

Tú prometes en tu Palabra que recibiré un nombre que el Señor mismo me dará (Isaías 62:2). Al declarar la verdad de mi nueva identidad, te pido que tu Espíritu Santo revele a mi corazón un nombre en especial que me quieres dar hoy. Decido recibirlo por fe. A partir de hoy, Padre, continúa estableciéndome en mi nueva identidad, no sólo en mi corazón sino también en mis acciones, para tu gloria y honra.

En el nombre de Jesús. Amén.

Declaro la verdad que dice que:

Mi nuevo nombre es Amado (Colosenses 3:12, 1 Juan 4:10)

Mi nuevo nombre es Hermoso (Cantar de los Cantares 1:16, 4:1,]

Mi nuevo nombre es Elegido (Efesios 1:4)

Mi nuevo nombre es Precioso (Isaías 43:4)

Mi nuevo nombre es Limpio (Juan 15:3)

Mi nuevo nombre es Presentable (Hebreos 10:22)

Mi nuevo nombre es Protegido (Salmo 91:14, Juan 17:15)

Mi nuevo nombre es Bienvenido (Efesios 3:12)

Mi nuevo nombre es Heredero (Romanos 8:17, Gálatas 3:29)

Mi nuevo nombre es Completo (Colosenses 2:10)

Mi nuevo nombre es Santo (Hebreos 10:10, Efesios 1:4)

Mi nuevo nombre es Perdonado (Salmo 103:3, Colosenses 2:13)

Mi nuevo nombre es Adoptado (Efesios 1:5)

Mi nuevo nombre es Deleite (Isaías 62:4)

Mi nuevo nombre es Confiado (Romanos 10:11)

Mi nuevo nombre es Conocido (Salmo 139:1)

Mi nuevo nombre es Planeado (Efesios 1:11-12)

Mi nuevo nombre es Rico en dones (1 Corintios 12:8-11, 2 Timoteo 1:6)

Mi nuevo nombre es Rico (2 Corintios 8:9)

Mi nuevo nombre es Provisto (1 Timoteo 6:17)

Mi nuevo nombre es Especial (Deuteronomio 7:6 RV)

Mi nuevo nombre es Puro (Filipenses 2:15)

Mi nuevo nombre es Fortalecido (Romanos 16:25)

Mi nuevo nombre es Obra de Arte de Dios (Efesios 2:10)

Mi nuevo nombre es Libre de Temor (Hebreos 13:6)

Mi nuevo nombre es Libre de Condenación (Romanos 8:1)

Mi nuevo nombre es Hijo de Dios (Romanos 8:15-16)

Mi nuevo nombre es Amigo de Cristo (Juan 15:15)

Mi nuevo nombre es Novia de Cristo (Apocalipsis 19:7, Cantar de los cantares 7:10)

Con respecto al (a los) nombre(s) en especial que Dios te haya revelado, ora:

Gracias, Padre Dios, porque soy _____ (declara tu nuevo nombre — ¡puede haber más de uno!)

Te animamos a continuar declarando en fe esta preciosa verdad cada mañana durante 40 días mínimo, y en otros momentos durante la jornada cuando sientas que las mentiras del enemigo atacan tu mente.

Paso 4: El perdón

Es algo muy humano experimentar ira hacia aquellos que nos han herido u ofendido. Sobre todo cuando esas personas debían habernos dado amor, gracia, aceptación, cuidado y protección — pero no lo hicieron. El dolor que sentimos en nuestras vidas a causa del abuso físico, verbal, emocional, sexual y espiritual que hemos sufrido puede ser devastador.

Aunque no podemos cambiar los hechos, podemos ser libres de su control sobre nuestras vidas. Jesucristo puede entrar en esas heridas y empezar a sanar el daño causado a nuestras almas. Esa sanidad comienza con la decisión de perdonar de corazón.

Pablo escribe: «Abandonad toda amargura, ira y enojo, gritos y calumnias, y toda forma de malicia. Más bien, sed bondadosos y compasivos unos con otros, y perdonaos mutuamente, así como Dios os perdonó a vosotros en Cristo». (Efesios 4:31-32)

Cristo nos perdonó cuando tomó las consecuencias eternas de nuestro pecado sobre Sí mismo. Cuando perdonamos a otros, aceptamos vivir con las consecuencias temporales de su pecado. Parece injusto, pero nuestras únicas opciones son: vivir con esas consecuencias esclavizados por la amargura o liberados por el perdón.

Perdonar significa decidir no echar en cara el pecado de una persona en contra de ella nunca más. Significa cancelar su deuda y desengancharte de la persona; liberarte tú y entregar el gancho a Dios. Es decidir dejar a la persona y lo que hizo en manos de Dios, confiando que él tratará con ella justamente — algo que tú no eres capaz de hacer. Es creer que Jesús murió por el pecado de la persona que te hizo daño. Y es renunciar al derecho de vengarte.

Perdonar significa que aceptas que lo que el ofensor hizo no se puede cambiar. Supone reconocer que aferrarte a tu ira te hace daño sobre todo a ti, por lo que el perdón es necesario para tu libertad.

Perdonar de corazón

¿Quieres eliminar tu dolor? ¿Quieres la sanidad de Jesús en tu vida? ¿Quieres experimentar más profundamente el amor de Dios en tu corazón? Entonces tienes que perdonar de corazón. Perdonar de corazón significa que lo que declaras y oras refleja tu interior. ¿Cómo se logra ese nivel de sinceridad? Reconociendo el dolor y el odio que sientes. Es entonces cuando recuerdas que tú tampoco te mereces el perdón de Dios, sino que él te lo dio gratuitamente en Cristo. Al experimentar el perdón de Dios en tu propia vida serás libre para perdonar a los demás.

Perdonar a alguien de corazón significa sincerarte con Dios y contigo mismo y reconocer cómo te hizo sentir la ofensa. Es permitir que Jesús haga aflorar esos sentimientos que has guardado en tu interior durante tanto tiempo, para que él pueda comenzar a sanar tus heridas y tu dolor emocional.

Comienza este paso importantísimo con la siguiente oración:

Querido Padre Celestial,

Gracias por la riqueza de tu bondad, tu tolerancia y paciencia hacia mí, pues sé que tu bondad me ha llevado al arrepentimiento. Confieso que no he mostrado la misma bondad y paciencia hacia quienes me han herido y ofendido. Al contrario, me he aferrado a mi ira, amargura y resentimiento hacia ellos. Me doy cuenta también que a veces he sido muy duro conmigo mismo, que no he estado dispuesto a perdonarme y que he cargado con el peso del remordimiento.

Por favor, trae a mi mente toda persona a quien necesito perdonar para que yo pueda hacerlo ahora.

En el nombre de Jesús. Amén.

(Ver Romanos 2:4)

Toma la decisión

Te animamos a hacer una lista completa (incluyendo nombres, si es posible) de todas las personas o grupos de personas que el Señor traiga a tu mente, a quien o quienes necesitas perdonar. Necesitarás una hoja de papel aparte. He aquí algunas sugerencias:

- Padres y otros miembros de la familia que abusaron de mí de alguna manera, o me hicieron creer que yo era inútil o insignificante, o que mi valor dependía de mis logros.

- Pastores, ministros y otros líderes de la iglesia que me hirieron al crear un ambiente basado en la ley o en los logros en lugar de en la gracia.

- Maestros, profesores y otros educadores que fueron duros, críticos o me juzgaron.

- Personas que reprimieron la libre expresión de la gracia o de la libertad espiritual en mi vida y que forzaron sobre mí estándares inalcanzables.

- Personas que el enemigo utilizó para robarme la libertad y el gozo, incluyendo a quienes me infligieron abuso o abandono.

- Yo mismo; por imponer cargas pesadas o estándares inalcanzables sobre mi familia; por dirigir o alentar a mi iglesia hacia el legalismo; por atacar a quienes enseñan sobre la libertad y la gracia; por ser hiriente, crítico, por juzgar y despreciar a los demás; por quitar la libertad y el gozo de otros mediante mis actitudes, palabras y acciones.

- Dios mismo. Aunque él no ha hecho nada malo, podemos tener falsas expectativas de su obra en nuestras vidas o no entender por qué permitió que sucedieran ciertas cosas. Es vital para nuestra libertad que reconozcamos estos sentimientos (después de todo, él ya los conoce y ¡no cambia su amor por nosotros!), y que decidamos poner nuestra confianza en él nuevamente, a pesar de que quizá nos hayamos sentido abandonados en la dificultad; porque la verdad es que él nunca nos ha dejado ni abandonado (Hebreos 13:5) y él «todo lo hace bien» (Marcos 7:37).

Utiliza la siguiente oración como punto de partida para decidir perdonar a las personas en tu lista. Cuando estés listo, empieza con la primera persona en tu lista, perdonándola de corazón por cada recuerdo doloroso que el Señor traiga a tu mente. Cuando no se te ocurra nada más por lo cual perdonarle, continúa con la siguiente persona en la lista, y así sucesivamente. No te preocupes si te lleva mucho tiempo.

Querido Padre Celestial,

Decido perdonar a _____ (nombra a la persona o grupo de personas) por _____ (precisa lo que hizo o no hizo), lo cual me hizo sentir _____ (sé honesto con lo que sentiste o sientes aún).

Una vez que hayas perdonado a todas las personas en tu lista, les bendices orando:

Querido Padre Celestial,

Decido no buscar ya venganza o aferrarme a mi amargura hacia _____ (nombres). Gracias por liberarme de la esclavitud de mi amargura. Ahora te pido que bendigas a _____ (nombres).

En el nombre de Jesús. Amén.

Paso 5: Libertad sobre el Temor

En este paso le pedimos a Dios que nos revele todo temor malsano. Esos son los temores cuyo objeto creemos, erróneamente, que está presente y tiene poder. Comienza con la siguiente oración en voz alta:

Querido Padre Celestial,

Vengo a ti como tu hijo. Me pongo bajo tu cuidado protector y reconozco que tú eres el único objeto legítimo de temor en mi vida. Confieso que he tenido temor y ansiedad debido a mi falta de confianza y mi incredulidad. No siempre he vivido por fe en ti y con demasiada frecuencia me he apoyado en mis propias fuerzas y recursos. Te agradezco que en Cristo recibo perdón.

Decido creer la verdad que dice que tú no me has dado un espíritu de temor, sino de poder, de amor y de dominio propio (2 Timoteo 1:7). Por lo tanto, renuncio a todo espíritu de temor. Por favor, revélame todo temor malsano que me haya estado controlando. Muéstrame cómo me he vuelto temeroso y qué mentiras he creído. Abre los ojos de mi corazón a tus verdades maravillosas. Deseo vivir una vida responsable en el poder de tu Espíritu Santo. Muéstrame cómo estos temores me han impedido hacerlo. Lo pido para poder confesar, renunciar y superar todo temor por medio de la fe en ti.

En el nombre de Jesús. Amén.

La siguiente lista puede ayudarte a reconocer algunos de los temores malsanos que han obstaculizado tu caminar en la fe. Marca aquellos que reconoces y cualquier otro que no esté en la lista y que el Espíritu de Dios te revele.

Recuerda que detrás de todo temor malsano hay una mentira, una creencia que no se basa en la verdad. Estas falsas creencias deben ser arrancadas y sustituidas por la verdad de la Palabra de Dios. Te será enormemente útil el poder discernir estas mentiras, porque renunciar a ellas y escoger la verdad es un paso crítico hacia la obtención y el mantenimiento de tu libertad en Cristo. Necesitas conocer y escoger creer la verdad para que ésta te libere.

- ❑ Temor a Satanás
- ❑ Temor al divorcio
- ❑ Temor a la muerte
- ❑ Temor a no ser amado por Dios
- ❑ Temor a no ser amado nunca
- ❑ Temor a no ser capaz de amar
- ❑ Temor al matrimonio
- ❑ Temor al rechazo de la gente
- ❑ Temor a no casarse
- ❑ Temor a no tener hijos
- ❑ Temor a la desaprobación
- ❑ Temor a la vergüenza
- ❑ Temor al fracaso
- ❑ Temor a ser o volverse homosexual
- ❑ Temor a problemas económicos

- ❑ Temor a enloquecer
- ❑ Temor a ser un caso perdido
- ❑ Temor a la muerte de un ser querido
- ❑ Temor al futuro
- ❑ Temor a la confrontación
- ❑ Temor a ser víctima de un crimen
- ❑ Temor a haber cometido un pecado imperdonable
- ❑ Temor a determinadas personas, animales u objetos
- ❑ Otros temores que el Señor revele

Cuando estés listo, apunta las mentiras que has creído en relación a cada temor que hayas marcado en la tabla siguiente; si son muchas, utiliza otra hoja de papel. A continuación, apunta las verdades correspondientes de la Palabra de Dios.

No es fácil identificar las mentiras, ya que te han acompañado durante tanto tiempo que sientes como si fueran la verdad. Si necesitas ayuda, no dudes en pedírsela a un amigo maduro en la fe.

Apunta todas las mentiras que identifiques en la *Lista de Mentiras* al final de este libro en la página 118.

TEMOR	MENTIRA	VERDAD
(Ejemplo:) Temor al fracaso	Fracasar me convierte en un inútil	«Porque te amo y eres ante mis ojos precioso y digno de honra» (Isaías 43:4)

Ahora es momento de experimentar la limpieza de Dios a través de la confesión y el arrepentimiento (ver 1 Juan 1:9; Proverbios 28:13). Confesar es estar de acuerdo con Dios en que lo que hicimos fue pecado. Arrepentirse es escoger dejar atrás el pecado y cambiar nuestra forma de pensar. Haz la siguiente oración por cada uno de los temores que has analizado:

Querido Señor,

Yo confieso y me arrepiento del temor a _____. **He creído que** _____ **(indica la mentira). Renuncio a esa mentira y escojo creer la verdad de que** _____ **(indica la verdad). También confieso cualquier**

manera en la que este temor me ha llevado a actuar irresponsablemente, o a poner en peligro mi testimonio para Cristo.

Ahora decido vivir por fe en ti, Señor, confiado en tu promesa que dice que tú me proteges y que satisfaces todas mis necesidades cuando vivo por fe en ti (Salmo 23:1, 27:1, Mateo 6:33-34).

En el nombre de Jesús, el cual es digno de confianza. Amén.

El temor a la gente

Ahora vamos a permitir que el Espíritu Santo nos examine en un área específica de temor; el temor a la gente. Proverbios 29:25 dice: «Temer a los hombres resulta una trampa, pero el que confía en el Señor sale bien librado». Temer al hombre con el tiempo nos conduce a complacer a la gente — y eso es verdaderamente esclavizante. Las personas complacientes se preocupan mucho por lo que piensan los demás a su alrededor, puesto que creen (erróneamente) que su valor y su felicidad depende de la aceptación o aprobación de ellos.

Cuando nuestro objetivo es agradar a la gente (o a una persona) y procurar su felicidad, terminamos esclavizados a ellos y nos alejamos de la seguridad y la protección de servir sólo a Cristo (Gálatas 1:10). Para permitir que el Espíritu Santo examine tu corazón en esta área, empieza orando:

Querido Padre Celestial,

Reconozco que no siempre he caminado por fe, sino que he permitido que el temor a la gente me controle. Me he preocupado demasiado por obtener la aprobación de los demás, y me he dejado desviar de la devoción sencilla y pura a Cristo. Quiero caminar en sano temor y asombro de ti, Señor, y no de la gente. Gracias por tu perdón. Ahora trae a mi mente cada manera concreta en que he permitido que el temor a otras personas me controle.

Oro en el nombre de Jesús. Amén.

Ahora marca las áreas de la lista que el Espíritu Santo te revele:

- ❏ He tenido temor a expresar honestamente lo que pienso o siento por miedo a que me regañen, me rechacen o se burlen de mí.
- ❏ He cambiado mi manera de vestir, de maquillarme y de peinarme para evitar ser señalado.

- ❑ Tengo temor de decir «no» cuando se me pide hacer algo, por miedo a experimentar rechazo o ira.
- ❑ A menudo me siento agotado y abrumado por mi incapacidad de decir que «no».
- ❑ Me molesta sentirme «usado» pero me siento incapaz de establecer límites saludables en mi vida.
- ❑ Las personas con temperamento fuerte me intimidan fácilmente.
- ❑ Necesito la afirmación constante de otras personas para sentirme feliz, importante o valioso.
- ❑ Si no recibo afirmación, fácilmente me deprimo, me desanimo y me doy por vencido.
- ❑ No recibo bien las críticas; me causan dolor porque me hacen sentir como un fracasado.
- ❑ Haría casi cualquier cosa para obtener la aprobación de las personas importantes en mi vida.
- ❑ Me aseguro de que la gente se entere de las cosas «buenas» que he hecho.
- ❑ A veces he mentido para encubrir cosas de mi vida que temo que la gente desapruebe.
- ❑ Me he preocupado más por seguir las tradiciones humanas en nuestra iglesia que por obedecer la Palabra de Dios.
- ❑ Otras maneras en que he permitido que el temor a los demás me controle:

Ahora procesa cada temor que hayas marcado mediante la siguiente oración:

Querido Padre Celestial,

Ahora reconozco que mi vida ha sido influenciada por el temor a la gente, intentando complacerles en lugar de discernir y hacer tu voluntad. Me doy cuenta de que esto es pecado. Confieso específicamente el pecado de _____ (menciona los pecados que el Señor te ha revelado en la lista anterior).

Gracias por tu perdón y por tu gracia. Fortaléceme de manera que no tema a nadie sino a ti. Dame el poder por tu Espíritu para aprender lo que te agrada y ponerlo en práctica, sin importar lo que otros puedan pensar.

Gracias porque cuento con tu amor, tu aceptación y tu aprobación, por lo tanto no necesito intentar obtenerlos de otras personas. Aún cuando obtenga la aceptación y aprobación de otros, quiero que sea secundario a haberte agradado primero a ti.

Oro en el nombre de Jesús. Amén.

Después de procesar cada temor que el Señor te haya revelado, haz la siguiente oración:

Querido Padre Celestial,

Gracias porque tú eres completamente digno de confianza. Escojo creerte, aún cuando mis sentimientos y circunstancias me inciten al temor. Me has dicho que no tema, porque tú estarás conmigo y que no mire a mi alrededor con ansiedad, porque tú eres mi Dios. Tú me fortalecerás, me ayudarás, y me sustentarás con tu mano derecha.

En el poderoso nombre de Jesús. Amén.

(Ver Isaías 41:10)

Paso 6: Rendirse a Dios

Al final de la Sesión 1 te preguntamos si estabas listo para comprometerte con Dios a ser su esclavo — a servirle, no por obligación, sino simplemente porque le amas. Hemos diseñado el siguiente ejercicio para que puedas apropiarte de ese compromiso, para que lo hagas tuyo de corazón. No es fácil considerar renunciar a todos nuestros «derechos» y ponernos incondicionalmente en las manos de otro — ¡aunque esa persona sea Dios! Pero recuerda que él ya ha demostrado la profundidad de su compromiso al dar su vida por nosotros. El entregarnos de pleno en las manos de nuestro Padre amoroso nos coloca en un lugar de completa seguridad.

Nuestra sociedad se enfoca mucho en nuestros «derechos». Un esclavo, sin embargo, renuncia a todos sus derechos para servir a su amo. Somos esclavos de Cristo — pero también somos hijos de Dios, y tenemos la promesa de que «todo es vuestro, y vosotros sois de Cristo, y Cristo es de Dios». (1 Corintios 3:22-23). Cuando perdemos (renunciamos a) lo que somos en lo natural, encontramos nuestra verdadera identidad en Cristo.

A decir verdad, tenemos un solo derecho: «Mas a cuantos le recibieron, a los que creen en su nombre, les dio el derecho de ser hijos de Dios». (Juan 1:12). Para comenzar este paso, haz la siguiente oración:

Querido Padre Celestial,

Reconozco que tú has sido un Dios fiel y que seguirás siendo fiel a lo que eres, sin importar cuáles sean mis circunstancias o cómo me sienta. (Lamentaciones 3:22-23).

Confieso que no siempre he confiado en que buscas lo mejor para mí, o en que cumplirás tus promesas. Me arrepiento de haber dudado de tu carácter y de todas las

maneras en las que he tomado el control de mi vida.

Por favor, muéstrame todas las áreas de mi vida que no he sometido a ti; las áreas donde no te he dado el derecho de actuar como tú deseas. Ahora te pido que me ayudes a dar un paso de mayor confianza y dependencia de ti al entregarte todo lo que soy y todo lo que tengo. En el nombre de Jesús. Amén.

¿Qué derechos necesitas someter a Dios ahora?

- ❑ Vivir mi vida en mis propias fuerzas
- ❑ Depender de mis propios recursos
- ❑ Decir lo que yo quiera decir cuando quiera decirlo
- ❑ Ir a donde yo quiera ir cuando me dé la gana
- ❑ Vivir donde yo quiera vivir
- ❑ Tener el tipo de trabajo que yo quiera tener
- ❑ Tener la seguridad económica que yo desee tener
- ❑ Estar soltero o casado
- ❑ Tener el número (y género) de hijos que yo quiera tener
- ❑ Ver que todos mis hijos lleguen a amar y seguir al Señor
- ❑ Tener siempre la razón
- ❑ Ser siempre amado, aceptado y comprendido por la gente
- ❑ Tener los amigos que yo quiera
- ❑ Ser usado por Dios de maneras específicas
- ❑ Tener el control o estar a cargo
- ❑ Tener una buena reputación
- ❑ Saber siempre cuál es la voluntad de Dios
- ❑ Ser capaz de «arreglar» a las personas o las circunstancias que me rodean
- ❑ Gozar de buena salud
- ❑ No padecer dolor o sufrimiento
- ❑ Tener el respeto y el apoyo de la gente a mi alrededor
- ❑ Estar siempre protegido del abuso y la negligencia de los demás
- ❑ Recibir el perdón de aquellos que he herido
- ❑ Ser librado de la angustia, la crisis y la tragedia
- ❑ Reaccionar en ira o rebelión hacia quienes me han herido de manera incorrecta y pecaminosa.
- ❑ Otras cosas que el Señor esté poniendo en mi corazón:

Mediante la siguiente oración, dile a Dios todos los «derechos» que escoges entregarle:

Querido Padre Celestial,

En el pasado he reclamado estos derechos como míos _____ **(menciona cada derecho aquí). Pero ahora los rindo ante ti y me presento a ti como un sacrificio vivo, como tu esclavo. Yo ya no me pertenezco. Elijo entregar todos mis derechos egoístas a ti, quien que me amó y entregó a su Hijo por mí.**

Acepto mi responsabilidad de seguir tu buena, agradable y perfecta voluntad para mí, por el poder del Espíritu Santo. También te doy permiso para hacer en mí y a través de mí lo que quieras — cualquier cosa que Te glorifique.

En el nombre de Jesús. Amén.

Afirmaciones Finales

Como último acto de fe, haz estas declaraciones en voz alta:

- **Afirmo que Cristo nos libertó para que vivamos en libertad. Por lo tanto, decido mantenerme firme y no someterme nuevamente al yugo de esclavitud. (Gálatas 5:1)**

- **Afirmo que, habiendo comenzado por el Espíritu, no voy a terminar con esfuerzos humanos, sino a través del poder transformador del Espíritu de libertad. (Gálatas 3:3; 2 Corintios 3:17-18)**

- **Afirmo que el propósito de la ley era mostrarme mi necesidad de Cristo, pero ahora que ha venido la fe, ya no estoy bajo la ley. (Gálatas 3:24-25)**

- **Afirmo que ahora soy un hijo de Dios, incondicionalmente amado, aceptado y seguro en Cristo. (Gálatas 3:26, Efesios 1:5-6)**

- **Afirmo que he muerto a la ley mediante el cuerpo de Cristo y que he sido unido al Cristo resucitado para dar mucho fruto para Dios. (Romanos 7:4)**

- **Afirmo que soy esclavo de Jesucristo y que el propósito de mi vida es agradarle a él y no a los demás. (Gálatas 1:10)**

- **Afirmo que esta palabra es para mí hoy: «Gracia y paz a vosotros, de Dios nuestro Padre y del Señor Jesucristo». (Gálatas 1:3)**

- **Afirmo que el poder de Dios se perfecciona en mi debilidad y que su gracia es suficiente para mí. (2 Corintios 12:9)**

- Por lo tanto, afirmo que por la gracia de Dios soy lo que soy, y que por su gracia me mantengo firme. (1 Corintios 15:10, Romanos 5:2). Todo esto para la alabanza de su gloriosa gracia, que nos concedió en su Amado. (Efesios 1:6)

Declaración final

Por la autoridad que tengo en Cristo, ordeno a todos los enemigos del Señor Jesucristo que se alejen de mi presencia. Me entrego a mi Padre Celestial para hacer su voluntad de hoy en adelante. En el precioso nombre de Jesús. Amén.

Oración final

Querido Padre Celestial,

Vengo a ti como tu hijo, rescatado de la esclavitud del pecado por la sangre del Señor Jesucristo. Tú eres el Señor del universo y el Señor de mi vida. Someto mi cuerpo a ti como un instrumento de rectitud, como un sacrificio vivo y santo que te glorifique a ti. Lléname hasta desbordar de tu Espíritu Santo hoy y cada día. Me comprometo a la renovación de mi mente, para comprobar que tu voluntad es buena, agradable y perfecta para mí. Decido vivir en la gracia, la paz y el descanso que son míos en el Señor Jesucristo. Amén.

Lista de Mentiras

Después de cada sesión, usa estas dos páginas para apuntar las áreas en las que te das cuenta de que tus creencias no han coincidido con la verdad que Dios revela en su Palabra. Apunta la mentira en la columna de la izquierda y, si es posible, apunta en la columna derecha lo que es verdad en base a la Biblia. Tendrás la oportunidad de abordar las mentiras en *Los Pasos para experimentar la Gracia de Dios* y también mediante el «Demoledor de Fortalezas» (ver páginas 62-64). Utiliza una hoja de papel adicional o un cuaderno si te falta espacio.

Recuerda que eres transformado por la renovación de tu mente (Romanos 12:2). El proceso de identificar todo pensamiento erróneo y sustituirlo por la verdad es una parte clave del *Curso de la Gracia*. Requiere un esfuerzo concertado, ¡pero merece la pena!

MENTIRA	VERDAD
(Ejemplo:) Soy repulsivo	He sido lavado y blanqueado en la sangre del Cordero (Apocalipsis 7:14).

MENTIRA	VERDAD

MENTIRA	VERDAD

www.ingramcontent.com/pod-product-compliance
Lightning Source LLC
Chambersburg PA
CBHW070813050426
42452CB00011B/2018